El algoritmo del miedo

El algoritmo del miedo

Radiografía del acoso escolar

José Antonio Luengo

Prólogo de Javier Urra

Plataforma
Editorial

Primera edición en esta colección: abril de 2026

© José Antonio Luengo Latorre, 2026
© del prólogo, Javier Urra
© de la presente edición: Plataforma Editorial, 2026

Plataforma Editorial
c/ Muntaner, 269, entlo. 1.ª – 08021 Barcelona
Tel.: (+34) 93 494 79 99
www.plataformaeditorial.com
info@plataformaeditorial.com

Depósito legal: B 5767-2026
ISBN: 979-13-88080-10-4
THEMA: JN

Printed in Spain – Impreso en España

Diseño de cubierta:
Antonio F. López

Realización de cubierta:
Grafime, S.L.

Fotocomposición:
gama, sl

El papel que se ha utilizado para imprimir este libro proviene
de explotaciones forestales controladas, donde se respetan
los valores ecológicos y sociales, y el desarrollo sostenible del bosque.

Impresión:
Romanyà Valls
Capellades (Barcelona)

A Álvaro, el chiquitín de la casa.

Dedicado a las personas bondadosas, generosas, humildes y discretas. A aquellos que miran a los demás con afecto, intentando comprender que todos estamos expuestos al dolor y a la adversidad. Y se acercan al que sufre, con sensibilidad y respeto, con una mirada amable, segura y convencida. Y le defienden de las injusticias. Y le cuidan. Y están. Y siguen. Y permanecen.

JOSÉ ANTONIO LUENGO

Índice

Prólogo

La dedicatoria define al autor, y la primera cita da respuesta al porqué en la elección de quien se siente profundamente concernido con José Antonio Luengo Latorre, al que admiro, respeto y, desde hace tiempo, le tengo por amigo.

Cuando terminé mi mandato de Defensor del Menor en la Comunidad de Madrid indiqué al magnífico Pedro Núñez Morgades, quien me sustituyó en el cargo en 2021, que solicitara a José Antonio Luengo ser su secretario general. Así lo hizo. Y es que las conversaciones que había mantenido con Luengo le desvelaban como un hombre cabal, inteligente, con criterio, delicado y persistente, flexible, activo y sencillo.

Resulta alentador que quien ha ostentado el cargo de decano del Colegio Oficial de la Psicología de Madrid se implique con valor y transparencia en un tema que, desde su amplia experiencia y reflexión, conoce como pocos: el acoso escolar.

Nuestro autor ya ha publicado con anterioridad, y de la mano del Consejo Escolar, sobre un tema que particularmente le importa, duele y exige posicionarse, formulando preguntas pertinentes a la sociedad y a la comunidad educativa. Su racionalidad le permite estructurar perfectamente el texto y así se comprueba a lo largo de todas sus páginas.

Todo lo que concierne al acoso escolar no son, precisamente, «cosas de niños». Y es verdad que puede que no estamos peor que antes; estamos más atentos, pero nos queda mucho por hacer, de aquí la valía de un texto que señala problemas y dificultades, lo que parece haber funcionado y lo que no... Pero también formas de prevenirlos y afrontarlos con rigor y eficacia. Sí, el acoso escolar es violencia ejercida por iguales desde la anómala superioridad, en alguna medida tolerada por normalizada.

Quien esto lea, hará bien en seguir leyendo. Encontrará una visión completa y humana del fenómeno, en todas sus dimensiones. Y estructuradas desde el conocimiento, la experiencia y el compromiso. Los entrecomillados que José Antonio ha elegido para que escuchemos y no solo leamos el dolor de las víctimas resultan esenciales, necesarios. Y digno de enmarcar lo dicho por el autor en una entrevista de prestigio que le hicieron hace unos años y que puede encontrarse en el proyecto «Aprendemos Juntos» del BBVA.

Nos regala Luengo también la reflexión sobre el «Círculo del maltrato» y su impacto en el fenómeno. «La mala noticia es que siempre habrá violentos. Pero la buena noticia es que, si se levantan voces que defiendan a los más vulnerables, los violentos quedarán arrinconados». Especial interés tienen los pasajes del libro dedicados a la vinculación entre sufrir violencia escolar y generar un trastorno mental, en ocasiones grave. Ratifico lo expresado por el ilustre psiquiatra y amigo Celso Arango: el riesgo mayor de victimización por acoso escolar es de quienes padecen problemas de comunicación social, como los afectados de trastorno del espectro autista.

Mi dilatada experiencia, en sintonía con los estudios longitudinales rigurosos, me permiten aseverar la estrecha relación entre el acoso escolar y el suicidio. La autopsia psicológica ayuda a esclarecer la etiología que conduce a no soportar seguir viviendo y decidir quitarse la vida. Cuando la agresión continuada del exterior quiebra el mundo interior, destruye cualquier refugio y capacidad de respuesta. De todo ello nos habla Luengo con criterio, rigor y absoluta actualidad.

Debo decir que las citas y los autores que referencia en el texto los considero acertadísimos. En cuanto a la actualización de datos (por ejemplo, los últimos presentados por la Fiscalía General del Estado) y de referencias bibliográficas, inmejorable. José Antonio ventila el espacio de reflexión y abre puertas y ventanas al futuro, que ya asoma, como la virulencia del ciberacoso utilizando la Inteligencia Artificial Generativa. Da de nuevo en la diana al explicar que la judicialización de los procesos experimentados en los contextos de vida y convivencia en los centros educativos no es una buena noticia. No se eluden, asimismo, los conflictos padres-escuela, los posicionamientos numantinos y preestablecidos de quienes niegan o miran hacia otro lado, incluso el rechazo a la evidencia. Y, en su texto, se «receta» una cultura de convivencia, así como el dibujo de líneas de mejora significativas para, al menos, minimizar la sombra alargada de esta lacra.

Nuestro autor da cabida a la colaboración de una compañera fiel, Raquel Yévenes Retuerto, para abordar un contenido esencial y muy complejo: la acción educativa con los victimarios, con los agresores, con los maltratadores; todo ello a los efectos de promover una cultura escolar que no solo sancione, sino que también eduque, repare y trasforme. Permítanme subrayar el enfoque restaurativo en la reparación de las relaciones afectadas y en la búsqueda de sentimientos de comunidad y pertenencia. Luengo se detiene en el autoconocimiento, el control y regulación emocional y el reconocimiento del otro y de su sufrimiento. Este apartado del texto eleva aún más el vuelo al subrayar la necesidad de buscar un cambio de rumbo, invitando a abordar la modificación de los pensamientos distorsionados y resolver razonablemente los conflictos. Sí, amigo, el grupo es el espacio natural. Pertenencia, apoyo, ayuda, cuidado, solidaridad. Y sí, José Antonio, la bondad como referencia.

Gracias, amigo, gracias, decano, por decir de manera equilibrada, clara, lo que tantos ocultan, y por aportar ideas para el cambio y la mejora, por señalar los principios que debería encarnar la escuela del presente, y, por supuesto, del futuro, a corto y medio plazo. Un lugar de aprendizaje, de juego, de fraternidad. Un lugar seguro. Sagrado.

Javier Urra
Dr. en Psicología y Ciencias de la Salud

¿Por qué escribir, ahora, sobre el acoso escolar?

«Los niños deben ser ricos, pero ricos en sonrisas».

JAVIER URRA

«Estamos en el mundo para que sea mejor desde el momento en que podamos, en la medida que podamos, como sepamos. Y esta es nuestra misión».

RAMÓN BAYÉS

Lo diré de forma más extensa y precisa en páginas posteriores. Este no es un libro que aborda la adversidad y el modo en que los seres humanos y, en especial, los niños y los adolescentes, la afrontan y gestionan (como saben y pueden) en su cotidiano ser y estar en sus vidas, en nuestras vidas. La adversidad y su afrontamiento forman parte nuclear y sustantiva de la vida. Pero no el acoso escolar. No la exclusión lacerante, el arrinconamiento cruel, la vejación constante. Esta es otra historia, dramática y despiadada, a la que se ven dramáticamente expuestos algunos.

El acoso escolar no es una simple adversidad en el camino; y no es un juego de niños. Es una herida silenciosa que, a menudo, sangra por dentro mucho antes de ser vista desde fuera. Sus marcas no siempre son visibles: a veces se esconden en una sonrisa triste o ensayada, en un silencio repentino y brusco o en una irritabilidad sobrevenida y recurrente, sin explicación aparente.

Durante años he sido testigo de historias que, seguramente, han marcado la vida de los que aún son niños o adolescentes, y que acaban «pasando por encima» de su existencia, dejándolos hechos jirones. Historias de relaciones interpersonales que se convierten en trincheras nauseabundas y enfangadas y de miradas que hieren honda e intensamente. El acoso escolar no solo roba la tranquilidad; extirpa y tumba la confianza, la alegría y, en los casos más extremos, las ganas de vivir. Y alumbra y dispara el «algoritmo del miedo», del espanto; a veces, del pánico.

Este libro nace como un grito, un tanto ahogado, sí, pero también como un puente, un vínculo a los espacios limpios. Un grito para decir basta, para luchar contra el silencio, resquebrajar y romper la indiferencia y señalar que cada broma cruel, cada apodo hiriente o cada experiencia de exclusión, tienen un coste emocional y psicológico que alguien acaba pagando muy caro. Y un puente porque ahonda en la necesidad de tender senderos de interpretación y acción conjunta entre víctimas, familias, educadores, estudiantes y entorno social en su conjunto; siempre a los efectos de construir entornos seguros donde crecer sea sinónimo de vivir y madurar, poco a poco, y no de sobrevivir.

En las páginas que siguen no encontrarás exclusivamente teorías, investigaciones, datos y tecnicismos, sino también ideas y estrategias para la mejora y, sobre todo, esperanza. En ellas podrás acceder, asimismo, a testimonios y vivencias singulares y, así, en cierta manera, «revivir» historias que visten de explícita realidad la herida traumática vivida por muchos niños y adolescentes. Porque el objetivo de todas estas páginas no es quedarse exclusivamente en la crítica fácil y desafectada; ni en el mero intento de sensibilización o visibilización del fenómeno; sino, más bien, inspirar el ilusionante sendero de un cambio razonable y real.

Este es un libro que pretende ser, esencialmente y por encima de todo, honesto. Si definitivamente se considera o no esta cualidad, deberá ser el lector quien lo determine y valore. Aborda contenidos muy sensibles, y raro sería que concitase el acuerdo absoluto en todo momento, entre todos los lectores e, incluso, sobre todo lo tratado. Pero está escrito en conciencia, honradamente.

Los temas en los que el texto profundiza han formado parte de mi vida profesional durante muchos años. Y es necesario indicar y advertir que algunas de las acciones implementadas estos últimos años que pongo en cuestión han visto la luz, en alguna ocasión, con mi participación técnica; aspecto este no pequeño, y que viene a resaltar que, en alguna medida, mi papel como experto en el tratamiento y la gestión del fenómeno ha sido también, permítanme decirlo, parte del problema (en la medida en que las acciones pensadas no han sido suficientes, ni, en algunos casos y circunstancias, atinadas) y no exactamente de la solución.

El conjunto de reflexiones que inspiran el texto afloran con una referencia esencial: que contribuya a cristalizar una mirada sensible y comprometida en la que algunos podamos reconocernos, en la que muchos puedan reconocerse, aunque sea de manera incipiente; las ideas aquí plasmadas surgen como una guía para quienes quieren y necesitan actuar, tal vez de otra manera a la proyectada hasta el momento; y una luz, suficiente, para quienes, en medio de la oscuridad y la dificultad, aún no han perdido la fe en que las cosas pueden siempre mejorar. Significativa, sensiblemente.

Me ha costado decidir si escribir o no este libro. En mi cabeza estaba desde hace tiempo, un par de años, reflexionar sobre este fenómeno y analizar, desde la experiencia acumulada, si estamos o no acertando con el diseño e implementación de planes y medidas para gestionarlo, arrinconarlo y someterlo; y reducir y minimizar su impacto en la vida de muchos niños y adolescentes.

Repasar la historia reciente de un fenómeno que representa un auténtico problema de salud pública, se quiera entender o no, no representa un proceso sencillo, precisamente. Se trata de un contenido polémico, controvertido y especialmente señalado por visiones y perspectivas de interpretación no precisamente coincidentes. En muchas ocasiones, claramente contrapuestas.

En todo caso, quien me conoce bien me animó a empezar a poner negro sobre blanco algunas de las dudas y certezas más significativas del esqueleto, corazón y tejidos vitales del fenómeno, hoy, aquí y ahora; de sus interminables tentáculos y derivadas de despliegue en el día a día de muchos niños y adolescentes y, por supuesto, de los resultados y consecuencias de lo ya desarrollado y experimentado para acotarlo, definir y aclarar sus límites. Y, prudentemente, desenredar las líneas de acción que no han cumplido con los objetivos y expectativas inicialmente previstos.

Inicialmente, me puse a escribir, con la idea de definir en un documento sencillo, de no más de diez folios, lo que, con la mejor intención, mi experiencia cotidiana había ido acumulando en el día a día y siempre en el contexto del análisis y la valoración de las investigaciones realizadas en los últimos cinco años.

Los diez folios fueron quedándose cortos de espacio y casi raquíticos de recorrido para recoger todas las reflexiones, vivencias, argumentos e ideas que iban surgiendo en mi cabeza, tozudas, incansables; y, poco a poco, a pesar de la idea inicial de «abandonarlo» en un formato de sencillo informe, definitivamente, me animé a seguir dándole a las teclas hasta donde me diesen las reflexiones serenas y la experiencia acumulada. Disponer de más tiempo en vacaciones también contribuyó a cambiar el rumbo de las primeras intenciones.

Tengo que decir que terminé de decidirme a seguir escribiendo al volver a leer la sentencia del Tribunal Superior de Justicia del País Vasco de 2015 en el conocido como «caso Jokin», el chico de catorce años que se quitó la vida en septiembre de 2004 en Hondarribia. La dureza de lo resuelto por el tribunal me espoleó a dar continuidad a la tarea de recopilar información, estudios e investigaciones, y a aportar mi opinión y criterio sobre lo practicado y vivido a la largo de estos últimos cuatro lustros y pico; todo ello a raíz del punto de inflexión que, sin duda, representó esta tragedia y la puesta en marcha de medidas y acciones en todos los territorios de nuestro Estado para hacer frente de manera definitiva a un fenómeno con raíces, historia y memoria ligada al dolor y el sufrimiento.

Las reflexiones y opiniones que a continuación inician su recorrido dan fe de experiencias profesionales, cargadas de empatía y cercanía, y, por supuesto, de una interpretación personal. Este es un texto documentado y asentado en el trabajo acumulado y en la valoración de muchos de los resultados e impactos evidenciados, pero siempre construido desde una mirada personal. Y, por lo tanto, absolutamente opinable desde otros planos, perspectivas y formas de capturar, entender y descifrar la radiografía y tripas del fenómeno en cuestión. Mi agradecimiento más sincero a José Carlos, Beatriz, Timanfaya y Juan Carlos por el tiempo dedicado a leer el texto, completo o en parte. Sus observaciones, sugerencias y apoyo han representado una ayuda incomparable. Y en especial a Raquel, por sus inagotables aportaciones.

Un último detalle importante antes de empezar. El texto no mira a un territorio o comunidad autónoma concreta, ni referencia sus políticas y acciones concretas para luchar contra el fenómeno. Más bien, alza la vista a lo que hacemos y hemos experimentado en todo el país, que es parecido a decir, lo puesto en marcha como sociedad en su conjunto. Algunas de las ideas esenciales del texto no son muy habituales en lo escrito y descrito ordinariamente sobre el fenómeno. Pero, eso sí, se configuran desde el máximo respeto y consideración a otros, apreciaciones e interpretaciones de *lo que todos tenemos entre manos*. Todos.

Vamos, pues, con ello.

Introducción

«Los niños hablan, sobre todo cuando no hablan».

Alejandro Palomas

«El sufrimiento entendido como un tirano, como un dictador, allá donde ni siquiera la luz puede escapar».

Mercedes Navío[1]

La vida, o mejor, vivir, supone esencialmente tomar decisiones, actuar, orientar la mirada y la acción. Supone percibir, interpretar, sentir, emocionarse y hacer. Sin parar. Acabamos haciéndolo de manera automática y, frecuentemente, apenas llegamos a ser conscientes de la cantidad de decisiones que adoptamos a cada momento, casi cada instante, constantemente. Y las decisiones importan. Porque tienen consecuencias. Las que nos afectan y las que pueden afectar a otros en su recorrido. En ocasiones decidimos pensando exclusivamente en lo que en principio parece que nos conviene y viene bien, sin más referencia a otras opciones. A veces, no obstante, decidimos actuar priorizando las necesidades de alguien cercano, sin pensar demasiado en lo que

–23–

dejamos de hacer, vivir o «ganar» al hacerlo. A veces surge la necesidad de luchar contra el silencio, contra la injusticia, en favor de las personas que más sufren, de los cuidados y de la bondad como principios básicos de respuesta a lo que se desarrolla a nuestro alrededor.

En la vida, *sorbo a sorbo*, vamos aprendiendo que las cosas no nos salen siempre como queremos, que no siempre tenemos razón, que eso que llaman algunos «nuestros sueños» no se cumplen, que algunas dificultades pesan demasiado y lastran nuestra vida y, en ocasiones, también nuestra mente; que la vida, en definitiva, puede resultar por momentos un poco insufrible. Afortunadamente, todo esto va ocurriendo poco a poco, aunque en general sin descanso y, claro, vamos acostumbrándonos a *que es lo que hay*. Y que hay que saber caerse; y también levantarse. Aunque nos duela el alma. Y que puede que alguna vez nos caigamos mal, en mala posición; y nos hagamos mucho daño, y necesitemos que nos ayuden a levantarnos y algo más. No siempre somos conscientes de lo que supone o pueden suponer para quien nos acompaña lo que hacemos (o dejamos de hacer) o decimos. Sobre todo, cuando ese alguien vive en su interior una tormenta desmedida, un incendio que le ahoga y le arrincona.

La vida está cargada de adversidades de muy diferente naturaleza. Lamentablemente, no es esta una lección que «enseñemos» precisamente bien a nuestros hijos desde que tenemos la oportunidad de sentir su olor y acunarlos por primera vez en nuestros brazos. Entender que tendremos que explicarles que muchas cosas les harán sufrir no es algo sencillo de encajar, gestionar, preparar y «planificar». Ni de ayudar a interpretar, antes, durante o tras lo sucedido. Pero resulta una realidad que los infortunios se hacen presentes de manera recurrente. En forma de dolor físico, frustraciones, malestares emocionales, pequeños (o grandes) accidentes, contrariedades, contratiempos, desgracias, miedos... Surgen a veces de la nada, sobrevenidos, inesperados. Otras veces, resultan esperables; esos que denominamos «normativos», consustanciales a vivir y casi imprescindibles para seguir viviendo y aprender de lo que experimentamos.

A veces el dolor que emana de la situación que vivimos nos hace temblar y colapsa. Y entonces, el apoyo, la escucha, la ayuda y la buena compañía se convierten en compañeros de viaje imprescindibles para salir adelante.

Lo dramático, rompiendo las costuras y rebasando los límites de eso que denominamos «adversidad», viene, por ejemplo, cuando el daño que experimentas proviene del pupitre de al lado, del miedo que suscitan quienes son niños o adolescentes como tú (o eso creías hasta hace poco), de quienes tienen tu edad, de quienes comparten tantas y tantas horas contigo, a tu lado. De quien, razonablemente, debería ser alguien cercano, no solo físicamente, con más o menos complicidad en el trato, pero accesible y respetuoso cuando menos. El denominado «acoso escolar» es violencia ejercida entre los iguales. Y este es un matiz importante. Todo un complejo escenario con más de cincuenta años de trayectoria en investigación.

Cuando era niño, no resultaba muy difícil señalar a los compañeros que desgraciadamente, de forma regular, eran «tratados» por los demás como si estuviera legitimado vulnerar el que, probablemente, supone el principio, valor y derecho más sustantivo en nuestras vidas: ser respetado como uno es. Así, sin ambages, rodeos o sutilezas.

A veces, antaño, el daño y la herida, también abominables, provenían de la consideración de la víctima como bufón: el *hazmerreír* de la clase. Una «excusa» cercana, diaria, accesible, manejable para la cruel cuota teatral de cada día, «para que los demás se carcajeen de lo que hago, de lo que digo». El plan preciso, el golpe certero, la caída provocada, el ridículo pensado, urdido, entre risas de quienes son incapaces de ver la impiedad e insensibilidad que nutre el corazón de sus despiadadas «ocurrencias». En la forma que sea. Incluso, buscando ese papel, ese rol, el del esperpento, el adefesio, el payaso grotesco que sabe que es lo único que le mantiene ahí. Solo hace falta aguantar. Y llorar cuando nadie te vea.

También motes, insultos, collejas y golpes aparecían con frecuencia en el día a día. Y también desconsideración, displicencia, desprecio y ninguneo por parte de alguno de aquellos con los que compartías colegio, patio de juego, clase y hasta, en ocasiones, pupitre.

No es difícil recordar estas «visibles» historias de ridiculización y desafecto, cargadas de repudio y exclusión; historias que representaban, por supuesto, la «expulsión» de facto del grupo como tal; esto es, la consideración de su ser como una suerte de «adherencia» que servía de válvula de escape (por decir algo) para la diversión sin medida de otros, la carcajada y el escarnio. Casi la «inexistencia» («no existes, no eres, casi no hables, que no te vamos a escuchar, que no eres nada, nadie, que no te aguantamos»...). La exclusión te limita, te marca espacios sin posibilidad de transitar, puertas cerradas, salidas inexistentes. Todo esto pasaba, seguramente en menor medida que en la actualidad. Y con menos «herramientas» de impacto como las que hoy nos acompañan, a veces en un dispositivo en la palma de nuestra mano.

La exclusión cercena la vida, la ahoga, la vacía, la derrama. La derrite, achicharra; la tumba y abate. Sentir que se nos rechaza, que se nos obvia, olvida o arrincona produce dolor y, en no pocas ocasiones, desesperación; la desesperación del que empieza a aprender que no puede esperar nada, la desesperación del que, haga lo que haga, ve su vida reducida, sin solución de continuidad, a un progresivo proceso de indiferencia por parte de los que le rodean, cuando no de arrinconamiento y ninguneo explícitos.

Cuando era niño vivíamos también la realidad que este texto pretende contribuir a seguir desentrañando. También había crueldad y, de alguna manera, cierta *licencia* o venia para hacer. Unos años después, la literatura sobre el fenómeno señalaba los denominados mitos sobre esta lacra, esos que invocaban la idea de que, cuando eres aún un niño en la adolescencia, estas cosas pueden pasar, y hay que saber aguantarlas; o que, en semejantes circunstancias, así se aprende a afrontar y superar dificultades, que hace más fuerte al débil e indefenso, que son modas y costumbres que, simplemente, vienen y van, y que forman parte de las experiencias que hay que vivir.

La configuración del fenómeno ha mutado de manera significativa como es bien conocido e iremos describiendo en estas páginas. Sin embargo, el sustrato del daño intencionado y ejercido desde la ignominiosa sensación de superioridad e insensibilidad se mantiene inalterable; trufado, eso sí, con la interminable diversidad de opciones y derivadas de «artefactos» de crueldad que el paso del tiempo ha traído aparejadas. Entre ellas, claro, la irrupción del entorno digital en toda su extensión; pero, especialmente, un profundo limo de contravalores nutridos con el paso de los años y ligados a la chulería, a la superioridad, a la jactancia, a la soberbia, a la arrogancia y altivez, a la jerarquía, al rango, a la clase, a la popularidad... «No es de los míos; así que, me da igual lo que le pase, lo que sienta, lo que sufra. No es de los míos; así que, que apechugue. No me gusta, no nos gusta; que aprenda. Se lo merece. Que surja y crezca el miedo».

En el corazón latiente de estas páginas ubicaremos la reflexión de esta lacra que carcome los cimientos de desarrollo de no pocos niños y adolescentes, configura modelos de convivencia asentados en la discriminación, el silencio ante la injusticia, el miedo a defender al que sufre y la alianza (cuando no la sumisión temerosa de muchos espectadores) con el que ostenta poder y la jerarquía humillando a quienes, entiende, están por debajo de él. Y profundizaremos, como respuesta esencial, en los cuidados y en la bondad como principio esencial en la consideración del otro y, especialmente, en la atención y apoyo a aquellos que viven situaciones singulares de vulnerabilidad.

El contenido que aquí se presenta surge desde la experiencia directa y desde el análisis riguroso de las acciones estudiadas y contrastadas, con el respeto que implica tratar una realidad tan sensible y compleja, y con la intención de aportar una visión que resulte útil, crítica y aplicable. Esta es la mirada de quien suscribe, y de quien ha convivido y habita en los recorridos del diseño e implementación de la formación del profesorado. Y del bosquejo de planes para habilitar y construir perspectivas de trato, relación y convivencia basadas en el diálogo, la amabilidad, la escucha, la generación de redes de complicidad y compromiso y la construcción del conocimiento y acción compartida. Esta es la mirada.

El texto hace girar una parte de su narrativa en torno a lo vivido por un chico de apenas catorce años que en el año 2004 decidió quitarse la vida y a los factores y elementos que fueron tomados en consideración jurídica (y también social, con gran impacto mediático) en una sentencia judicial, que citaremos más adelante y que puede considerarse como «un antes y un después» en la historia de análisis y valoración jurisdiccional en esta materia. Veinte años después, ¿hemos reducido adecuadamente el nivel de tolerancia ante hechos de tan dramáticos impactos? ¿Hemos aprendido algo?

Puede que el fenómeno en cuestión nos esté superando por su capacidad de mutar y transformarse, de diversificarse y transformarse, como un patógeno externo, como un virus. Los virus no pueden reproducirse o copiarse a sí mismos, por su propia cuenta. Requieren de una cosa más: a las personas. Somos nosotros las células que hacemos copias del virus y los que enfermamos. Los virus viajan ligeros y tienen un núcleo que, en el caso que nos ocupa, es la maldad, el deseo de dañar. No piensan, no hay reflexión. Se aprovechan de cierto grado de vulnerabilidad, y ahí crecen y se despliegan con vertiginosa facilidad. El caldo de cultivo es el silencio. Y el miedo. Algunos virus disponen de una capa aceitosa que se denomina envoltura. Como la cobertura que proporciona el «aplaudidor», el «jaleador». Ese espacio *aceitoso* y grasiento que todo lo mancha.

Esta obra consta de seis capítulos en los que poco a poco he pretendido desentrañar el fenómeno de la violencia y aportar luz a diferentes ámbitos y vértebras del esqueleto del acoso entre iguales y de lo realizado y, también, de lo que, entiendo, podría sustanciar nuevas acciones. El texto cuenta, asimismo, con dos apéndices de especial interés. Por un lado, un espacio de recursos actualizados de diferente naturaleza, de fácil acceso a través de la red y de pertinente interés en el contexto de la acción contra el fenómeno. Y, por otro lado, el obligado lugar para las referencias bibliográficas, ampliamente utilizadas y documentadas a lo largo del texto.

Insertas en el *continuum* del libro se integran, asimismo, algunos testimonios e historias en primera persona (en su caso, reconfiguradas, ficcionadas y/o recreadas) que, con el máximo respeto, pretenden introducir al lector en el alma mismo de quien, desde diferentes roles, ha vivido la experiencia de sufrir esta lacra terrible de la conducta humana.

Y un apunte final. El presente texto tiene vocación esencialmente divulgativa, y profundiza en los aspectos y ámbitos que, trascurridos ya más de veinte años desde el episodio trágico que representa el corazón de todas estas páginas, han mostrado más relevancia en la gestión de las respuestas al fenómeno del maltrato entre iguales.

Gracias por llegar hasta aquí, y gracias infinitas al lector que cree que merece la pena seguir.

Adrián, todo empieza en algún momento

> «Nada está perdido si se tiene el valor de proclamar que todo está perdido y hay que empezar de nuevo».
>
> Julio Cortázar

Todas las cosas, las buenas y las malas, empiezan una vez, en algún momento, de algún modo, en algún sitio, por alguna circunstancia, motivadas por algo, aceleradas por algo. Sufrir el maltrato ejercido por iguales supone una experiencia traumática de alto impacto. Así nos lo explican quienes lo viven; y quienes lo han vivido. Hace algunos años, durante el tiempo que trabajé con diferentes responsabilidades en la Oficina del Defensor del Menor en la Comunidad de Madrid, tuve la oportunidad de conversar con muchos padres, docentes, miembros de equipos directivos, inspectores de educación y, también con niños, jóvenes y adultos que habían sufrido esta forma de maltrato durante su infancia o adolescencia. Sus «historias», cargadas y selladas por el sufrimiento y desesperanza, escondían una vivencia de trauma intenso, mantenido en el tiempo, con muy escasas posibilidades de «escape» y profundamente «silenciadas» en el contexto en el que se producían.

Pero todo comienza, siempre, en algún momento, a veces un simple instante. Incluso antes de que ellas, las víctimas, puedan llegar a entender que *eso va con ellas*, que les concierne, que les afecta... Aparentemente. Todo puede empezar sin que se espere, sin que se sepa por qué, sin que se alcance a entender qué ha podido causar que, así, casi de repente, alguien, aun siendo muy niño, deje de ser, deje de contar, sea humillado, excluido, vejado...

Insisto, la historia a la que el lector va a poder acceder a continuación (en tres momentos a lo largo del texto) es solo un ejemplo, sin pretender definir de manera expresa la «carga» de la responsabilidad inherente de itinerarios como los que serpentea el fenómeno aquí tratado, a un solo hecho o situación, a determinadas conductas o a actitudes, principios o valores «predeterminados» o a determinados roles en el devenir cotidiano.

Siempre hay un primer momento, un hecho inicial, una experiencia y no otra. Todo puede empezar, incluso, de manera soterrada, silenciosa; a veces, *como quien no quiere la cosa*. Semillas, embriones de crónicas o, cuando menos, alertas «anunciadas». Así, probablemente, se iniciaría un relato de triste testimonio...

Más o menos, la historia de Adrián, de la que sabremos un poco más (en otras dos entregas) a lo largo de estas páginas, y con las posibilidades que te da la adaptación y señalamiento sustancial de lo vivido, empezó así. Más o menos, nuestro protagonista lo podría expresar así, como sigue:

Me llamo Adrián y acabo de cumplir seis años. Ayer tuvimos en casa la fiesta de cumpleaños. Estuvimos todos: mis abuelos (solo tres, porque la abuelita Aurora murió este mismo año), mis padres y mi hermana Clara, que tiene doce años y solo tiene ojos ahora para su móvil, sus fotos y para estar siempre enfadada, en especial con mamá.

También vinieron dos primos míos, hijos de una hermana de mi padre, Carlos y Alberto, que ya son un poco mayores. Todavía falta por celebrar mi cumple con mis compañeros del colegio, aunque ya tengo experiencia de cosas que pasaban cuando iba a la escuela a la que mis padres empezaron a llevarme más o menos con cuatro meses. Me acuerdo mucho y bien de aquellos días. Tengo que contaros algunas de las cosas que se me pasaban por la cabeza.

Mi madre está un poco estresada por la dichosa fiesta con mis compañeros de clase. Que si dónde la hace, que si es una pesadez, que si no paran de preguntarle qué quiero de regalo, que si no sabe si tiene que invitar a toda la clase o no... Es que hace un mes, resulta que, para la fiesta de cumpleaños de una chica de clase, Estrella se llama, a mí no me invitaron. Creo que no fui el único que no fue invitado, pero a mi madre le sentó muy mal. No sé qué había pasado entre ella y la madre de Estrella (discutieron, me parece) una vez que ella y yo nos dimos unos cuántos «golpecitos» (ya me entendéis) por alguna cosa que a mí no me gustó de ella. ¿O fue al revés? La verdad es que no me acuerdo. Sí recuerdo el tirón de pelo que le di, de ese pelo rubio enredado que tiene, y que la hace parecer una princesa. O eso cree ella, que es una mandona en clase. Siempre quiere hacer lo que a ella le parece. Pues a mi madre no le pareció bien lo que pasó, claro, aunque ella quiere ser un buen ejemplo de «madre no rencorosa» Eso oí el otro día cuando hablaba con mi padre de la fiesta.

Pero, vamos, que no la va a invitar estoy bastante seguro. A mí me da un poco igual. Es más, preferiría que vinieran solo los que yo eligiera, los que son mis amigos, con los que juego. Pero tendré que aguantarme. Mi madre me ha preguntado, que conste ¿eh?; ella suele preguntarme muchas cosas. Pero no le debió de gustar lo que le dije porque me soltó una charla de al menos tres minutos ¡Tres minutos escuchado esas cosas de que hay que ser amigo de todos, que si luego a mí no me invitan, que si tengo que relacionarme más...! Un rollo, vamos. Después de su explicación me preguntó si había entendido lo que ella quería decirme. Le dije que sí, claro. Cualquiera se opone a esa exaltación de la amistad como valor fundamental.

Ya os lo decía. No invitó a Estrella. A todos los demás sí. A ella no. Así funcionan estas cosas entre mayores. No la juzgo, por favor, bastante tiene ella con aguantarnos a mi padre, a mi hermana y a mí. Sobre todo, a mí. Con todo el tiempo que tiene que estar en su trabajo en esa oficina a la que un día me llevó. A pesar de todo, casi siempre sonríe. O lo intenta, al menos. Yo me llevo bastante bien con ella, la verdad. Siempre me mira. En todo momento, atenta a qué hago, si digo o no, si atiendo o no, si hago caso o no... Siempre atenta si la miro cuando me habla, si miro a quien me habla, si me gusta demasiado estar solo con mis cosas, si le digo que sí a jugar con ella...

Mi hermana Clara jugaba mucho conmigo. Desde bien pequeño me llevaba a su cuarto y hacíamos como que ella era la profesora y yo su alumno. Muy mandona. Pero mucho. Aunque a mí, al final, me gustaba estar con ella, y oírla decir cosas que seguramente ella también oía en el colegio. De pequeño, yo no entendía casi nada, pero daba igual. Ella estaba ahí, a veces a sus cosas y yo a las mías. Ella me entendía. Y se lo decía a mamá: «No entendéis a Adrián; es muy inteligente y se entera de todo, aunque parezca que nada va con él».

Clara ha crecido y ya no es una niña, o eso dice ella; es la que más regañinas se lleva. Por cosas del móvil, Tik-Tok y no sé qué historias más... Que si siempre está posando, que si no para de hacerse fotos, que si intenta engañarla por la noche haciéndose la dormida para conectarse al móvil en cuanto mi madre cierra la puerta... Cuando se enfadan se dicen de todo. Y mi hermana suele ponerse bastante chulita.

¡Ah! Una cosa que no os he dicho, pero creo que es importante. Me debe pasar algo raro porque desde los tres años más o menos me han llevado a muchos sitios a ver si averiguan (imagino que médicos, psicólogos o algo así) por qué apenas hablo con los demás (aunque puedo hablar, y mucho si me interesa lo que hago o veo), por qué me gusta tan poco el contacto con las personas y los ruidos, por qué miro poco a los ojos y me gusta mucho estar solo con mis cosas, en mi habitación...

La verdad es que, en clase, en el colegio, hay muchas cosas que no entiendo bien. Las que tienen que ver con la relación con los demás y lo que les interesa a mis compañeros. Bueno, perdón, creo que las entiendo, pero no me interesan nada. No sé cómo no se hartan de las cosas que hacemos. A mí, aún no sé muy bien por qué, me dejan un poco, alguna vez, a «lo mío». El caso es que lo que llaman «lo mío» (algo así como que está a sus cosas) es lo que realmente me hace sentir vivo, con «mis» tiempos, mis rutinas, mis «manías» (a veces he oído algo así sobre mí).

Pero de verdad que hago esfuerzos por estar también con los demás. Hay compañeros con los que me gusta estar mucho, aunque me distraiga enseguida («pero aún es pequeño», también oigo decir de vez en cuando). Me resulta curioso cuando otra profe (se llama Amelia y es muy buena conmigo) entra en clase y se acerca a mí, me llama por mi nombre y se sienta a mi lado y mira lo que hago, y me pregunta cosas. Y yo me pregunto por qué no hace lo mismo con los demás. En fin, yo sigo «a lo mío», pero a veces contesto con palabras sueltas. Un poco seco. Aunque no me gusta mirar, eso es verdad.

La fiesta de cumpleaños fue un rollo. Mucho ruido, que llevo mal, que no soporto. Regalos en una mesa y el momento ese en el que tenía que abrirlos. La cosa no se puso bien porque después de abrir el primero ya no quise seguir. No soporto esas cosas, mi madre lo sabe, pero yo no sé cómo explicárselo. Ella quiere y me pide que lo intente. Todos me miraron, me di cuenta. Y se callaron cuando me puse las palmas de las manos en los oídos para dejar de oír ese ruido que no me dejaba casi respirar.

Debo de ser el raro de la clase, pero no sé qué puedo hacer. No soy como ellos, aunque se portan bastante bien conmigo. Menos Estrella y dos amigas suyas que siempre que pueden intentan dejarme en ridículo. Que si me excito y elevo la voz a veces sin motivo, que si alguna vez (pocas) me doy golpes en la cara cuando algo no me gusta, o cuando no me dejan en paz en el recreo (me gusta estar también solo).

El no invitar a Estrella ha debido provocar algún problema. Sus dos amigas, a las que sí había invitado mi madre, no quisieron venir. Casi mejor, pero parece que yo tengo la culpa de que Estrella no viniera. No le gustó nada, y me lo dijo nada más llegar a clase al día siguiente. Yo ni la miré. No lo hago nunca, es cierto, pero esta vez con más motivo. Creo que va diciendo por ahí que nadie juegue conmigo, que soy autista o algo así. ¡Autista! ¡Qué sabrá ella! Aunque a lo mejor, ella sabe más que yo.

Que me deje en paz de una vez. El otro día, en el recreo, se acercaron las tres al sitio en el que me encontraba en el patio y se quedaron mirándome sin más, riéndose de lo que hacía (me gusta mucho ordenar cosas por su tamaño y, por ejemplo, poner en fila piedras pequeñas y de diferente tonalidad que encuentro cerca de un arenero que hay en el patio) y llamándome por un mote que no es la primera vez que oigo de alguien refiriéndose a mí. Pero que no voy a decir aquí. Dejaron de reírse y al pasar a mi lado dieron con sus pies en la fila de piedras que había ordenado por tamaños y la deshicieron, y después se fueron.

Estas cosas me pasan, pero no sé muy bien qué hacer. Mi madre no lo sabe. Se enfadaría mucho si se lo contara. Pero tampoco sé muy bien si tengo que contárselo y por qué hacerlo. Cada vez me acerco más a los amigos que tengo, que a veces están cerca y juegan conmigo, aunque se aburren rápido de lo que a mí me gusta. Pero siempre me saludan y sonríen. No sé si yo soy tan amable con ellos como ellos conmigo. Creo que no.

ADRIÁN

Todo tiene un discurso, una secuencia, un recorrido, una historia detrás, en medio; en su alma misma. También el fenómeno mismo del maltrato entre iguales. ¿Debemos perder la esperanza de poder desentrañarlo y contenerlo en algún momento?

1.
Lo que pasó, ¿dejó de pasar?...
Más bien, no

«Perded toda esperanza, vosotros los que entráis aquí».

La Divina Comedia, Infierno, canto III
DANTE ALLIGHIERI

El canto tercero del Infierno de la Divina Comedia de Dante se desarrolla en el Anteinfierno, donde se castiga a los indiferentes, lugar en el que la dolorida gente ha perdido el bien de la inteligencia y la esperanza.

¿Debemos perder la esperanza de encontrar la solución?

¿Debemos perder la esperanza de poder acertar con el camino adecuado y eficaz para dar una definitiva y adecuada respuesta al fenómeno del acoso entre iguales? O, tal vez, ¿seremos capaces de revisar con criterio los resultados de nuestras acciones durante los últimos veinte años? ¿Podremos, así, aprender de la experiencia y, consecuentemente, dejar de desarrollar aquellas prácticas que de manera recurrente hemos puesto en marcha sin que hayan mostrado, a lo largo de los años, los resultados esperados? ¿Podremos, en fin, evaluar lo realizado y, por fin, separar «el trigo de la paja», quedarnos con las prácticas exitosas y abandonar o, cuando menos, reconfigurar, las ineficientes? ¿Seremos capaces?

Cuando el lector acceda a las páginas de este libro no será específicamente el Día Internacional contra el Acoso Escolar,[2] pero soy de los que piensan y sienten que la lucha contra el acoso entre iguales debería representar un reto de obligada lectura e interpretación cada uno de los 365 días que ocupamos y consumimos nuestras vidas. Hablar de este fenómeno representa ahondar en una de las lacras (y, por tanto, reto incuestionable a abordar) de nuestro actual *statu quo* como sociedad. El algoritmo del miedo: Es decir, la ejecución de una secuencia ordenada, y bien definida de pasos e instrucciones para gestionar una acción, una idea, un plan. En el caso que nos ocupa, engendrar el miedo, el espanto en aquel al que hemos puesto en la diana. Pasos y secuencia ordenada y acomodada para hacer brotar la turbación, la cruel zozobra por lo que viene, por lo que vendrá.

La respuesta al acoso entre iguales viene ya de lejos. Siempre bien intencionada, profusa, pero, lamentablemente, el fenómeno parece crecer y caminar a sus anchas. Y se despliega en perfiles, formas, variantes, modos y maneras que cortocircuitan no pocos recorridos y relatos de convivencia y relaciones personales en la infancia y en la adolescencia. No hemos dado aún con la clave que nos permita saber ya, de una manera segura, la ruta a seguir. Sin devaneos ni desconciertos.

Muchos centros educativos han perfilado el camino desde la convicción, la implicación, el aprendizaje compartido, la participación de todos los agentes y la actitud serena, paciente y confiada de no renunciar a la posibilidad de configurar un modelo que no solo prevenga, detecte e intervenga en situaciones de conflicto y violencia entre iguales (que también), sino que promueva el buen trato como un mantra inagotable, como una marca. Una señal indeleble y segura. Y el cuidado. Los cuidados. El indagar y buscar juntos, y ver; y hacer. Hacer por los demás, ayudar, acoger, sostener, iluminar... Al abrigo de esta interpretación de la convivencia y de su construcción, como afirmó Peiró en 2025, las experiencias basadas en el Aprendizaje-Servicio responden de manera eficiente a la habilitación de proyectos, programas y planes para la intervención promotora del buen trato, y el «buen ser» y la prevención del maltrato entre iguales en su recorrido y dimensiones esenciales: primaria («hacer» antes de que aparezcan las dificultades); secundaria (intervenir a las primeras señales) y terciaria (desarrollar acciones específicas en situaciones de daño ya con recorrido).

Aprendizaje-Servicio[3]
Objetivos del Desarrollo Sostenible
(Adaptado de Sergio Ferrandis)[4]

Investiga	Transforma	Experimenta	Reflexiona
Contagia	Denuncia	Identifica	Contrasta
Actúa	Sensibiliza	Comparte	Difunde

En esas bases se asienta la generación de actitudes proactivas, bondadosas, cercanas, amables, cariñosas. Esto es, el espacio antagónico al maltrato por antonomasia.

Sabemos que no basta con explicar. Lo cognitivo es una parte, pero sin penetrar en el mundo de las actitudes y del hacer no hay convencimiento. Y sin este, apenas hay nada.

Lo que pasó, efectivamente pasó. Y por desgracia no ha dejado de pasar. Más bien, al contrario. Se han reconfigurado en sus formas y recrudecido en sus consecuencias e impactos. Lo que pasa, no siempre deja de «pasar» para muchas víctimas de este fenómeno; aunque la afrenta y el escarnio dejen de estar «presentes» de un día para otro, incluso cesar, por alguna circunstancia... En ocasiones el miedo, el dolor y el sufrimiento anidan ya de por vida;[5] anclados, ocultos en rincones, recovecos y rendijas del alma. De un alma dañada.

Un fenómeno muy «visible» en sociedad

No es infrecuente en los últimos años escuchar voces de personajes famosos que, en su etapa escolar, sufrieron experiencias de *bullying* en sus propias carnes. Tratándose de quienes son y del éxito y popularidad del que gozan, probablemente nos cueste imaginar esos momentos, en su infancia y adolescencia, viviendo dolorosas experiencias de humillación, maltrato y vejación. No obstante, ahí están sus testimonios y en ningún caso podemos dudar de su veracidad.

Muchos de ellos explican que la lucha por «superar» esos dramáticos momentos les abrió espacios de oportunidad madurados al amparo de la «resistencia». Personajes de fama mundial como Taylor Swift, Lady Gaga, Tom Cruise, Bruce Willis, Madonna, Justin Bieber o la actriz Kate Winslet, quien contaba en 2016 cómo en su infancia se burlaban de sus ganas de ser actriz y llegaron a encerrarla en un armario. La ganadora de un premio Óscar anima a los niños «a ser fuertes». En un inspirador discurso en Londres animó a quienes podían estar viviendo esta aterradora experiencia:[6] «Puedes ser de cualquier sitio y puedes hacer cualquier cosa, créetelo».

O en nuestro país, figuras muy conocidas como el presentador Jesús Vázquez, Javier Ambrossi y Javier Calvo («Los Javis»), Alejandro Sanz o la cantante Aitana. Incluso, según sus propios testimonios, deportistas de élite muy conocidos como nuestra campeona olímpica de bádminton Carolina Marín, el nadador Michael Phelps o el futbolista Cristiano Ronaldo han hablado de sus duras experiencias en las relaciones con sus iguales.

La actriz española Vanesa Romero contó su historia en un libro titulado *Reflexiones de una rubia*, en el que sugiere algunas maneras de afrontar este dolor para aquellos que pudieran estar viviendo esta experiencia y sufrimiento que ella vivió y narra cómo tuvo que ser cambiada de colegio en su infancia porque sufrió un acoso que llegó a límites intolerables.

En todo caso, considerando de manera muy favorable este tipo de testimonios (estos ejemplos, según Taleb, pueden ponernos en situación de tomar en consideración la idea del *creci-*

miento postraumático —2012, pág. 67—, algo así como «crecer a base de golpes»), debe señalarse que los efectos que la experiencia traumática que representa el maltrato entre iguales no siempre acaba en los escenarios de «éxito» personal y profesional que estas historias dibujan. Seguramente sean los menos.

También hemos conocido alguna experiencia «del otro lado», como en el programa de radio *Un poco de luz* de la Cadena 100,[7] 2025), en las que nos cuentan aquellos que ejercieron de *bullies* (abusadores) en la escuela, incluso en el barrio donde vivían. Tal es la experiencia que nos cuenta Jero García y que le ha llevado a desarrollar numerosas iniciativas para apoyar a las víctimas de acoso entre iguales. Entre otras, destaca «Sport vs. Bullying», una iniciativa que utiliza el deporte como herramienta para prevenir y mitigar el acoso escolar.

Pero todo esto, como decíamos en la introducción, parece que siempre ha pasado. Incluso a personajes ilustres en nuestra historia. Hace poco encontré un texto que recogía la conferencia de mi buen amigo y presidente de la Academia de la Psicología de España, Helio Carpintero: «El acoso escolar (*bullying*) en España. Consideraciones desde la Psicología» (2016), en donde nos descubre un ejemplo histórico de notable interés y, seguramente muy desconocido. De recomendable lectura (págs. 12-14).

Una comunicación presentada en la reunión anual de la Sociedad de Historia de la Psicología Española, a cargo de la profesora Victoria del Barrio (2004), examina desde una perspectiva clínica aquellas páginas de los *Recuerdos de mi vida* de Santiago Ramón y Cajal (1923), donde su autor evoca sus problemas escolares vividos durante sus estancias en Ayerbe (Huesca) entre 1860 y 1861, y luego un año más tarde en la misma capital, como alumno al que algunos compañeros trataron de «marginar y embromar agresivamente».

> Mi aparición en la plaza de Ayerbe fue saludada por una rechifla general de los chicos. De burlas pasaron a las veras. En cuanto se reunían algunos y creían asegurada su impunidad, me insultaban, me golpeaban a puñetazos o me acribillaban a pedradas. ¡Qué bárbaros éramos los chicos de Ayerbe! Yo no gastaba calzones o alpargatas, ni ceñía con un pañuelo mi cabeza, y eso bastó para que entre aquellos zafios pasara por señorito... Contribuía también mi antipatía, y la extrañeza causada por mi lenguaje. ¿Por qué esta imbécil aversión al chico forastero? Lo ignoraba, y aún hoy no me lo explico bien... (Ramón y Cajal, 1923:23).

El denominado *bullying* siempre ha existido. Muy asociado a lo que pasaba en las aulas, recreos, pasillos, y otros espacios de las escuelas de antaño. Siempre existió. Cuando las administraciones educativas empezaron a «tomarse en serio» este fenómeno (hay que decir que han sido prácticamente las únicas que han ahondado en la búsqueda de soluciones), «lo que oíamos» sobre él estaba trufado de ideas erróneas o mitos que, probablemente, habían contribuido a que esta suerte de conductas se «normalizasen» en la vida de las escuelas.

Que si «son cosas de niños y parte de lo que necesitamos para madurar», que son experiencias que «no dejan daños ni secuelas», que si «ayudan a hacer fuertes a quienes son destinatarios de las mismas y a fortalecer su carácter», que si «es mejor que este tipo de cosas las resuelvan los propios chicos», que si «son simples conflictos» en una etapa de aprendizajes duros, que si «es algo inevitable que no es posible controlar», que si «ocurre solo en contextos desfavorecidos social, económica y culturalmente», que si «ignorar este tipo de situaciones, hará que al final se desvanezcan por sí solas», que si «hay niños que merecen que les pasen estas cosas...».

Todo un rosario de solemnes necedades y majaderías que no fueron, ni mucho menos, fáciles de desmontar. Si es que se han desmontado... Algunas, al menos, no tengo nada claro que no sigan estando en la raíz de muchas situaciones actuales.

Que veinte años no son nada

> «Es que todo pasó muy rápido, porque cada día había algo, en plan, una vez volví a encontrar mierda en la mochila cuando llegué del recreo y luego otras cosas que, bueno..., es que me da miedo contarlo [...] Lo peor eran las pesadillas».
>
> ALEJANDRO PALOMAS[8]

Veinte años después, por trazar, más o menos, una línea temporal aproximada que fijamos tras la muerte por suicidio de Jokin Ceberio en Fuenterrabía —Hondarribia— (Guipúzcoa), el denominado *bullying* ya no es lo que era... Ni mucho menos, creo que es mucho peor. Significativamente peor. Cuantitativa y cualitativamente. A ello ha contribuido, sin duda, la irrupción en la vida de nuestros niños y adolescentes de su *despliegue* en modo digital. Pero no solo. La evolución de nuestro modelo de organización social y de parentalidad, de nuestros valores y prioridades, principios e inercias, ha debido de contribuir también a ello. Con pocas dudas. Sobre todas estas cuestiones vamos a procurar profundizar, siempre desde la óptica de quienes hemos tenido la oportunidad de trabajar en los procesos de elaboración de respuestas a su existencia. Y de su crecimiento vertiginosamente divergente.

Veinte años después no es infrecuente seguir preguntándonos qué hacer, cómo proceder con seguridad, eficacia y eficiencia; seguimos buscando, incluso, el origen del fenómeno, sus incrustaciones en la realidad cotidiana de la convivencia y relaciones interpersonales y su enraizamiento profundo. Veinte años después continuamos buscando los nutrientes que arman su fijación, crecimiento, expansión y desarrollo: intrincado y abyecto.

Lo que pasó y se sustanció (amparado en desafortunados y ruines argumentos justificativos) como una suerte de experiencias que venían señaladas con carácter obligatorio en el *libro de instrucciones* de crecimiento de no pocos niños y adolescentes (los más vulnerables, generalmente, los diferentes, los desiguales) hizo tambalear y hasta colapsar las referencias imprescindibles que habilitan un crecimiento ordenado y fecundo: poder confiar en aquellos con los que comparto, segundos, minutos, días, meses y años de vida; en aquellos con los que convivo, en la propia vida. Levantarte cada mañana pensando que no te quieren, que no eres nadie, que no significas nada; que representas un papel propio de cuneta, de rincón y cuarto oscuro. Volver a tu casa sabiendo que mañana el infierno te espera y se reinicia, con su particular liturgia y rutinas de daño intencionado y recurrente. Tozudo, inmisericorde...

Lo que pasó, pasó, sí; pero no dejó de pasar, no acabó; no se ha desvanecido en el tiempo. Lo que pasó nos sigue, nos persigue. Nos hostiga, apremia y acorrala. Lo que pasó existe aún; persiste, insiste. En mil formas, con mil variantes. Insiste en su ominoso cieno, hediondo, repugnante. Sus raíces, tan profundas, se han robustecido absorbiendo el sustrato de soberbia, superioridad, indignidad, bajeza e ignominia que, dramáticamente, tan consolidado parece crecer al amparo de ideas delirantes y tóxicas sobre concepciones y perfiles de «éxito», notoriedad, liderazgo, jerarquía y superioridad.

Y ahí, al alcance de todos, sin solución de continuidad, significada por su indecencia, suciedad y maldad intrínsecas, surge la violencia en su dimensión más manifiesta, palmaria, tangible. Ahí cerca la tenemos, la vemos, escuchamos, sentimos. Siempre retorcida, sinuosa, perturbadora. Con sus tripas al aire. Muy visible, incluso, claro, para quienes empiezan a «andar» en nuestro mundo. Mostrándose como una usanza, una costumbre, un estilo. Con su propia historia de espeluznantes y sobrecogedores manifestaciones. Con su rostro grotesco, siniestro, pérfido, aterrador. Así lo ven las víctimas, así lo sienten, así les hace perder el sueño.

2.
Apuntes sobre la violencia

«Para mí, el acoso es alardear, es decir "soy mejor que tú y puedo derrotarte, no físicamente, pero sí emocionalmente"».

WHOOPI GOLDBERG

La violencia en su origen

Un texto de gran interés para conocer la evolución a través de la historia del ser humano en sus experiencias con las diferentes formas de violencia y su gestión es la obra publicada por Steven Pinker[9] en 2012 con el título de *Los ángeles que llevamos dentro: el declive de la violencia y sus implicaciones*. En el capítulo que dedica a lo que el autor denomina «el proceso de pacificación» (pág. 67) se refiere a la influencia de Thomas Hobbes en el marco de conceptualización de la violencia como constructo y como experiencia, y trascribe un pasaje del *Leviatán* (1651) en el que, según Pinker, utiliza menos de cien palabras para exponer un análisis de los incentivos para la violencia que hoy es tan bueno como cualquier otro:

Así pues, encontramos tres causas principales de riña en la naturaleza del hombre: primero, competición; segundo, inseguridad; tercero, gloria. La primera hace que los hombres invadan por ganancia; la segunda, por seguridad; y la tercera, por reputación. Los primeros usan la violencia para hacerse dueños de las personas, esposas, hijos y ganado de otros hombres: los segundos, para defenderlos; los terceros por pequeñeces, como una palabra, una sonrisa, una opinión distinta o cualquier otro signo de subvaloración, sea directamente de su persona o por reflejo en su prole, sus amigos, su nación, su profesión o su nombre (Hobbes, 1561/1957).

En su texto, Pinker nos detalla (pág. 85), asimismo, que, en la mayoría de los estudios, de todos modos, «el móvil más citado para la guerra es la venganza, que sirve de rudimentario elemento disuasorio de enemigos potenciales al plantear los costes previstos de un ataque a largo plazo. Aquiles describe un rasgo de la psicología humana que podemos observar en culturas de todo el mundo: la venganza, mucho más dulce que la miel rezumante, crece en los corazones de los hombres».

(1) Competición, (2) inseguridad y defensa, (3) gloria y reputación o superioridad y (4) venganza... Diferentes ventanas de posible acceso a los porqués del comportamiento violento. Sin perjuicio de los siempre impredecibles espacios grises en cualquier proceso interpretativo, parece razonable señalar en el contexto que nos ocupa el tercero de «los móvi-

les» citados: el de la superioridad y la reputación (ganar prestigio social a costa de los débiles y vulnerables), enlodados de «gloria», prestigio, popularidad y notoriedad en su rol de «cabecillas» de los planes para dañar y agredir. Y, probablemente, bañados estos comportamientos en un ritual de, simple y dramáticamente, burla, desprecio y humillación. Menosprecio, desdén y ultraje; simplemente para «pasarlo bien». Y, de paso, lo grabamos y difundimos.[10] Así, sin más...

Aunque el núcleo motor del daño infligido en situaciones de acoso entre iguales mantiene cierta estabilidad en origen, el fenómeno que lanza sus tentáculos de crueldad que vemos en la actualidad ha experimentado mutaciones no poco importantes con respecto al perfil conocido y reconocible de años atrás; y no presenta exactamente los patrones que hasta hace relativamente poco tiempo eran señalados en la literatura científica.

El acoso entre iguales muestra hoy «variantes» de muy elevada resistencia al tratamiento. Y, sí. Atrás quedan, entiendo, por ejemplo, las nutridas referencias que asociaban a los actores principales de este tipo de acciones a contextos sociales, culturales y económicos desfavorecidos; y relacionados casi exclusivamente con sujetos que habrían sido objeto asimismo de violencia por parte de adultos.

Atrás quedan las ideas que relacionaban ordinariamente la perpetración del daño a iguales con perfiles de chicos que habían vivido en sus propias carnes el sello de la violencia y el maltrato, en una suerte de bucle, de tiovivo circular que perpetuaba y reproducía «la maldad», la afrenta, la ignominia premeditada, planificada, mantenida en el tiempo... Y jerarquizada desde posiciones de abuso manifiesto, expuesto, claramente identificable... Atrás queda, en gran medida, esa visión del perfil del victimario como una «persona con poca autoestima, de apariencia «matonesca» y con un grado elevado de impulsividad y ansiedad», que terminó por acuñar una mirada interpretativa de quien ejerce este tipo de violencia.

La violencia en forma de acoso entre iguales de hoy despliega en su dramático desarrollo (y, en muchos casos, con un componente de *viralidad* y expansividad explosivas por su ubicación también en entornos digitales) un sesgo de divertimento grotesco, irracional, arbitrario, sostenido por los jaleadores y aplaudidores e iniciado por quienes saben muy bien que sus acciones «producen» daño, mucho daño; y, así, conscientes de ello, siguen no obstante generando escenarios de sufrimiento en sus víctimas hasta dejarlos en la absoluta indefensión.

Porque sí; porque quiero. Porque me da, incluso, prestigio. Y/o porque genera, también, miedo en los demás. Y, por lo tanto, jerarquía de «líder». De líder (tóxico) que sostiene su lugar desde la humillación al otro, a los otros, y, en especial, a los vulnerables, a los distintos, a esos a los que, cruelmente, se señala como «perdedores».

El objetivo de esta forma de violencia no es tanto conseguir algo que se desea y no se posee; ni defenderse de ataques o formas de violencia ejercida contra uno mismo. Ni la venganza. Es, en gran medida, una perversa búsqueda de reconocimiento asentado en la «popularidad», el ejercicio del poder que atenta contra la dignidad del otro. Y lo fulmina. Con el ingrediente de la mofa, la risa, el desdén y la chufla pérfida.

La lucha contra la violencia de la sociedad

Las naciones llevan mucho tiempo luchando denodadamente por controlar (y gestionar, en su caso) los gérmenes de la violencia en el ser humano, sus terribles manifestaciones y sus insondables consecuencias. Pero es la infancia, con seguridad, uno de los espacios más observados, cuidados y atendidos por las sociedades y los gobiernos (al menos de nuestro entorno geopolítico). Con pocas dudas, puede afirmarse que la infancia es uno de los colectivos que puede padecer las situaciones más severas de desprotección.

Y es el ordenamiento jurídico y el diseño e implementación de políticas *ad hoc* el escenario donde han emergido las miradas más cercanas y notoriamente sensibles con sus necesidades presentes y futuras y la imperiosa responsabilidad de cuidar los entornos donde transitan y se desarrollan sus vidas. Y, por supuesto, los resultados, aunque siempre muy mejorables, han venido dando sus frutos. Negar esta circunstancia sería una necedad. Pero nunca lo hecho es suficiente. Sí necesario, pero desgraciadamente, casi siempre, insuficiente.

La crianza del niño en un entorno respetuoso y propicio, exento de violencia, contribuye a la realización de su personalidad y fomenta el desarrollo de ciudadanos sociales y responsables que participan activamente en la comunidad local y en la sociedad en general. Las investigaciones muestran que los niños que no han sufrido violencia y crecen en forma saludable son menos propensos a actuar de manera violenta, tanto en su infancia como al llegar a la edad adulta. La prevención de la violencia en una generación reduce su probabilidad en la siguiente (Observación n.º 13 del Comité de Derechos del Niño, Naciones Unidas).

La violencia desentrañada

> «Mi dolor puede ser la razón de la risa de alguien, pero mi risa nunca debe ser la razón del dolor de alguien».
>
> CHARLES CHAPLIN

Se entiende por violencia toda acción, omisión o trato negligente que priva a un niño, niña o adolescente de sus derechos y bienestar, que amenaza o interfiere su ordenado desarrollo físico, psíquico o social, con independencia de su forma y medio de comisión, incluida la realizada a través de las tecnologías de la información y la comunicación (Ley Orgánica 8/2021, de 4 de junio, de protección integral a la infancia y la adolescencia frente a la violencia, art. 1.2).

Tal como se detalla en el preámbulo de la Ley, la protección de las personas menores de edad es una obligación prioritaria de los poderes públicos, reconocida en el artículo 39 de la Constitución Española y en diversos tratados internacionales, entre los que destaca la mencionada Convención sobre los Derechos del Niño, adoptada por la Asamblea General de las Naciones Unidas el 20 de noviembre de 1989 y ratificada por España en 1990. Son, asimismo, de especial referencia, algunas de las Observaciones Generales del Comité de Derechos del Niño de Naciones Unidas:

- La Observación General n.º 12 de 2009 sobre el derecho a ser escuchado.
- La Observación General n.º 13 de 2011 sobre el derecho del niño y la niña a no ser objeto de ninguna forma de violencia. De especial interés, pág. 9: «Formas de violencia. Los niños pueden sufrir violencia a manos de adultos y también de otros niños».
- La Observación General n.º 14 de 2014 sobre que el interés superior del niño y de la niña sea considerado primordialmente.

La promulgación de la citada Ley 8/2021 sustancia la necesidad de atención al fenómeno del acoso escolar, que es citado explícitamente como uno de los contenidos de singular relevancia a afrontar por los centros educativos (art. 34) mediante la activación de protocolos de intervención específicos:

Las administraciones educativas regularán los protocolos de actuación contra el abuso y el maltrato, el acoso escolar, ciberacoso, acoso sexual, violencia de género, violencia doméstica, suicidio y autolesión, así como cualquier otra manifestación de violencia comprendida en el ámbito de aplicación de esta ley. Para la redacción de estos protocolos se contará con la participación de niños, niñas y adolescentes, otras administraciones públicas, instituciones y profesionales de los diferentes sectores implicados en la prevención, detección.

En consonancia con lo dictado, el Ministerio de Derechos Sociales y Agenda 2030 de España ha elaborado la «Estrategia de erradicación de la violencia sobre la infancia y adolescencia» (2022), que en su presentación señala:

Cada día hay niños, niñas y adolescentes que sufren negligencia, violencia física, *bullying* en el colegio, acoso en internet o violencia sexual. Violencias, muchas veces invisibles e invisibilizadas, cuya erradicación necesita del compromiso para actuar en todos los ámbitos. Por eso, este documento contiene metas ambiciosas y propuestas que abarcan desde la sensibilización y prevención hasta la atención especial e integral a las víctimas y su reparación. Incluye medidas que garanticen una coordinación eficaz que evite la revictimización, una justicia especializada, mayor formación específica o la creación de espacios seguros para los niños, niñas y adolescentes.

El planteamiento se define en torno a cinco áreas estratégicas:

- Garantizar el conocimiento de la realidad de la violencia contra la infancia y adolescencia necesario para desarrollar estrategias de actuación eficaces y ajustadas a la misma.
- Crear una cultura de buen trato y tolerancia cero ante la violencia contra la infancia y adolescencia.
- Garantizar que los entornos donde convivan y se relacionen niños, niñas y adolescentes sean entornos seguros.
- Garantizar una atención especializada y multidisciplinar a los niños, niñas y adolescentes que han sufrido o ejercido violencia.
- Garantizar un abordaje multidisciplinar y coordinado de la violencia contra la infancia y adolescencia.

Cambiar el paradigma

Es necesario revisar el paradigma y reconocer que nos queda mucho por hacer. Empezando por entender que estas no son «cosas de niños» y que solo entre todos, con directrices comunes y convicción, conseguiremos aplanar esta curva de dolor sistémica dibujada en el rostro mismo de quien vive en sus carnes el escarnio lacerante, sometido en un marco de indefensión y encerrados en un túnel cada vez con menos salida.

El acoso entre iguales hunde sus raíces en el limo nauseabundo de la violencia, de la crueldad, del desprecio por el otro, del ensañamiento y odio, en muchos casos. Lo repetiremos varias veces a lo largo y ancho de las páginas que siguen. El acoso o maltrato entre iguales es violencia en estado puro. Pensada, calculada, servida en bandeja a los *jaleadores* y *aplaudidores* que «acompañan» y «escoltan» la vejación, humillación, injuria, burla, desprecio, escarnio y ultraje del que, en definitiva y dramáticamente, es, en muchos casos, un compañero, alguien cercano (físicamente, se entiende) a quien se ve todos los días, con quien se comparte (o no) la actividad diaria en ese espacio físico que denominamos aula; y en los pasillos, los recreos... Y en los otros espacios y senderos, por supuesto: los que con o sin cables discurren entre carcasas, sistemas operativos, controladores de dispositivo, códigos fuente, aplicaciones, redes y algoritmos.

Estamos hablando de un tipo de violencia singular, el que es ejercido y perpetrado por iguales. Vivir una experiencia de acoso y maltrato continuado por parte de iguales no es un rito de paso inofensivo y «casi» obligado, más bien se trata de un tenebroso espacio que proyecta una larga y oscura sombra sobre la vida de las personas afectadas; persecución, exclusión, humillación, agresión, vejación, desprecio, ofensa, burla, menoscabo. Los rostros de la crueldad y la vileza.

Es maltrato, muy «soportado» aún por miradas que no han terminado de desprenderse, en su repertorio interpretativo, de esos mitos anteriormente señalados; más allá del discurso falaz, de que estas situaciones, o no ocurren, o no tienen tanta trascendencia como realmente se les quiere otorgar; o que no se dispone de los medios, recursos y tiempo para dar adecuadas respuestas.

Violencia, asimismo, «tolerada» a veces por quienes, cuando son interpelados y requeridos para analizar las conductas inadecuadas de sus hijos y, ostentando la responsabilidad esencial de la patria potestad,[11] siguen mirando hacia otro lado, negando, justificando las conductas, o, incluso, atribuyendo el problema a las propias víctimas; con cierto desprecio incluso por ellas, y atrincherados en una lectura interesada y soberbia, en una perspectiva de superioridad y prepotencia infame e indeseable que permea en la mirada de sus hijos con suma facilidad en una suerte de autoconvencimiento: «Tranquilo, hijo, no has hecho nada malo, todo es una exageración, pero no lo voy a consentir». Violencia tolerada por su «normalización» y, en muchos casos, por la banalización: minimizada, suavizada, infravalorada, subestimada, subvalorada.

El esqueleto estructural del fenómeno es bien conocido. Y reconocido. Como conocidos son sus efectos y consecuencias; en todos los protagonistas e implicados. En todos. Incluido el propio enjambre sistémico que lo sostiene. Resulta imprescindible mirar con otro prisma. Nos estamos jugando mucho. Cambiar la mirada, saber que el fenómeno vive ahí, entre nosotros. Y a todos nos concierne. A todos nos interpela. De todos nosotros depende que siga escalando o, definitivamente, consigamos arrinconarlo, aunque es necesario reconocer que mora voraz, aunque ordinariamente sigiloso.

3.
El marco conceptual básico y la investigación sobre el acoso entre iguales en entornos escolares

«Ser o no ser, esa es la cuestión: si es más noble para el alma soportar las flechas y pedradas de la áspera Fortuna o armarse contra un mar de adversidades y darles fin en el encuentro».

WILLIAM SHAKESPEARE,
Hamlet. Acto Tres, Escena Primera

El esqueleto del acoso entre iguales

Hemos señalado ya algunos de los aspectos esenciales del fenómeno; no obstante, parece razonable horadar un poco más en su naturaleza y características básicas. El acoso o maltrato entre iguales supone un daño cruel contra la dignidad de quien lo padece, y de dramáticos impactos en ocasiones (Alcindor-Huelva *et al.*, 2019; Balluerka, Aliri, Goni-Balentziaga y Gorostiaga, 2023). Un ataque que puede ser desalmado, contra la integridad moral y, en muchas ocasiones, contra su salud psíquica (Luengo, 2019).

Dan Olweus, precursor avanzado en la investigación del maltrato entre iguales (1983), definió el acoso como «una conducta de persecución física y/o psicológica que realiza un alumno contra otro, al que elige como víctima de repetidos ataques. Esta acción, negativa e intencionada, sitúa a la víctima en una posición de la que difícilmente puede salir por sus propios medios».

Un niño en el rincón
Dibujo: Carlota Blázquez Yévenes, 8 años.

Según esta definición, hablar de acoso entre iguales supone considerar tres características esenciales que la investigación ha ratificado en todo momento:

- **La intención de hacer daño** (físico, verbal o psicológico) no se trata de una broma. Es un acto intencionado y consciente, pensado para molestar, humillar o herir.

- **La reiteración de las conductas** es otro elemento distintivo del acoso escolar, que permite diferenciarlo del conflicto aislado. La repetición de las conductas dañinas produce en la víctima una merma progresiva de la autoestima y apuntala la relación de dominio-sumisión que caracteriza el acoso entre iguales. *Sé que hago daño, pero continúo...*

- **El desequilibrio de poder** (o diferencia notable de jerarquía entre víctima y agresor) que hace a la víctima impotente para salir de esta situación por sí sola. Este desequilibrio o diferencia de jerarquía puede depender de aspectos sociales, como popularidad, estatus, etc., u obedecer también a la alianza contra la víctima de varios agresores, y, por tanto, dificultad para defenderse de un grupo.

El acoso en las redes: el *ciberbullying*

El acoso entre iguales marcó un punto de inflexión en los primeros años de este siglo con la incorporación a la vida cotidiana de nuestros chicos de herramientas del entorno digital. Inicialmente, con acciones que se desarrollaban en el entorno de aplicaciones de mensajes de texto en red y que, con la irrupción de las cámaras en los dispositivos móviles o las aplicaciones de mensajería instantánea y redes sociales,[12] encontró rutas de conductas de acoso en el entorno digital nunca vistos. A partir de ese momento, el escenario de detección (e intervención) de estas conductas adquirió una faz de elevada complejidad.

Según Unicef en 2023, el acoso entre iguales dejó de desarrollarse exclusivamente en los entornos físicos, configurando un formato de 24/7 de repercusiones dramáticas. Para Unicef el ciberacoso es una forma de acoso o intimidación que se lleva a cabo a través de las tecnologías digitales. Ocurre en plataformas como redes sociales, plataformas de mensajería instantánea, juegos en línea y smartphones. Se caracteriza por un comportamiento (que suele ser repetitivo) con la intención de atemorizar, enojar o humillar a otras personas. Esta forma de acoso y hostigamiento, facilitada por el uso de tecnologías digitales y redes sociales, puede tener consecuencias devastadoras en la salud mental, emocional y física de quienes lo sufren.

Es importante señalar que acoso y *ciberbullying* (ciberacoso) comparten dimensiones y características, pero no todo es común ni uniforme. Conocer esta circunstancia representa una variable imprescindible en la gestión de procesos, en su definición, desarrollo y evaluación de impactos. Los hallazgos obtenidos en la experiencia cotidiana y en la investigación sugieren que ambos fenómenos pueden coexistir, ya sea con el mismo rol (como en los episodios de victimización), o intercambiando los roles de agresor y víctima en contextos presenciales y virtuales. Sin embargo, también se ha observado la existencia de perfiles sin conexión con el contexto virtual, lo que pone de relieve las diferencias entre ambos fenómenos (Carmona-Rojas, Ortega-Ruiz, Romera, 2023; Avilés, J. M., 2013).

Testimonio

Paula, 17 años, el día después de ver sobreexpuesta su relación sentimental en redes

Me encuentro en la cama, son las 7:30 de la mañana y acabo de decirle a mi madre que no me encuentro bien, que no puedo ir al instituto hoy. Ella siempre me escucha y sabe que me interesa todo lo que hago allí en las clases, las asignaturas, el estudio, los compañeros... así que me ha creído. Se ha preocupado, claro, pero le he dicho que acabo de tener la regla y que me duele mucho... Las cosas han quedado bien con ella.

La realidad es otra. No puedo dejar de llorar. Llevaba casi un mes viviendo una especie de linchamiento en la red porque acabo de empezar a salir con un compañero del instituto de 2º de Bachillerato, Jaime... Los insultos no han parado desde que alguien nos vio juntos paseando cogidos de la mano. Dicho así, seguro que no se entiende por qué empezaron a insultarme compañeros y compañeras del insti.

Tengo que contar que hasta hace poco estuve saliendo con un compañero de clase, Víctor. Lo dejamos porque llevábamos tiempo siempre enfadados y me sentía muy incómoda, con sus celos y el control que quería tener sobre lo que yo hacía o no.

La decisión la tomé yo, claro. Y ahí empezó todo: las miradas, los insultos, lo codazos en los pasillos, los gestos obscenos de algunos compañeros, amigos de Víctor... Dejar de salir con Víctor y las cosas y los rumores que empezaron a decirse en el instituto (que si le había dejado por otro, que si era una «zorra» porque ya tenía otro «novio», que si «me iba a enterar»...) provocaron que muchos de sus amigos y algunas amigas, que también eran míos la mayoría, empezasen a decir de todo en los diferentes grupos que tenemos. Y también trucaron alguna foto mía.

Procuré soportarlo como pude, pero empecé a verme algún rato con Jaime, un chico que me escuchaba sin decirme nada ni juzgarme. Hemos salido alguna vez y ha sido muy agradable hacerlo. Sin más. Ayer domingo salimos a correr juntos y, una vez que nos paramos a descansar en un parque, nos sentamos y nos dimos un beso. Solo eso. Lo que no podíamos pensar que pasara, pasó. Dos amigos, creo que dos, no sé si más, nos grabaron en vídeo y no tardaron en subirlo a las redes con todo tipo de comentarios vejatorios. Lo de «zorra» quedaba como el menor de los insultos.

Jaime y yo conocimos enseguida lo que pasaba. Todo ardía a nuestro alrededor, pero especialmente en torno a mí. Dejé de mirar las redes, pero mi mente ya estaba en lo peor. Esto no pararía. Algunas amigas, algún amigo me escribió para mostrarme su apoyo. Pero esto no iba a parar.

Hoy he decidido no acudir al instituto. Llevo en él desde primero de la ESO y me siento dañada. Los acontecimientos me expulsan de un lugar que reconocía como propio, seguro, incluso. Estamos cerca del final de curso.

Me acaba de llamar mi madre. Y mi padre. Ya saben lo que está pasando. Ya se lo han contado. Vienen para casa. No sé muy bien qué decirles, cómo voy a reaccionar a sus miradas. No sé qué van a decirme. Tengo que intentar evitar el sentimiento de culpa que surge como una amenaza. Pero ¿culpa de qué?

Paula no pudo volver al instituto, tal fue el lodazal dramático que se gestó a raíz de lo señalado. De poco sirvieron las acciones de naturaleza disciplinaria que recayeron en algunos de los impulsores de la «cacería» de la que fue objeto. Imposible volver. El atentado contra la privacidad, contra la dignidad.[13] En estado puro.

Una imagen vale más que mil palabras: el bullying en el cine

El cine nos transporta, dicen, a otras realidades, otros mundos, otros tiempos, otras almas, otros ojos, otros corazones. A veces nos inmiscuimos tan profundamente en sus historias que acabamos haciendo nuestras las vidas, aventuras, desvelos, y desventuras de sus protagonistas. No representa exclusivamente un momento de entretenimiento, que también, sino, lo que es más importante, un espacio de transformación, de huida, de penetración en otra dimensión, de invasión de la vida o vidas de otros. Y sentimos, a veces, que el corazón se nos dispara y el alma se nos quiebra, casi nos duele, se rompe en mil pedazos; y salimos de la sala sintiendo lo que, seguramente, el director quería que sintiéramos. O no, pero lo sentimos, lo notamos dentro, casi lo palpamos, sudamos.

Salimos callados de la sala de cine o nos levantamos del sillón en casa con la necesidad de movernos, de cambiar, de mirarnos al espejo, de volver a ser quienes realmente somos. Porque durante un tiempo hemos dejado de ser nosotros para meternos en el papel de otro. A veces, de ese niño que llora desconsolado en un rincón, acurrucado en su cuarto, mirando su móvil asustado, consciente de que no tiene nada que hacer, de que todo se ha acabado, de que no hay salida; hurgue donde hurgue, haga lo que haga...

Las imágenes nos dicen muchas cosas. Más a veces que mil palabras... El cine ha retratado la realidad del maltrato entre iguales con cierta frecuencia; a veces con auténticas obras de arte. Con sensibilidad, ternura y mucho acierto. Y compromiso. Algunos ejemplos especialmente interesantes a mi juicio son:

- *En un mundo mejor* (2010), película danesa que aborda de manera singular el fenómeno de la violencia e, inmerso en él, el acoso entre iguales.
- *Uno para todos* (2020), película española en la que Aleix, un profesor interino, asume la tarea de ser tutor de una clase de sexto de Primaria en un pueblo com-

pletamente desconocido para él. Cuando descubre que tiene que reintegrar a un alumno enfermo en el aula se encuentra con un problema inesperado: casi ninguno de sus compañeros quiere que vuelva a clase.

- *Un pequeño mundo* (2021), película belga en la que Nora empieza sus clases en Educación Primaria y poco después descubre el acoso que sufre su hermano mayor, Abel. Nora se debate entre la necesidad de integrarse y su hermano, que le pide que guarde silencio.
- *Close* (2022), película belga en la que Léo y Rémi, dos chicos de trece años, son amigos de toda la vida. Hasta que un suceso impensable los separa; Léo se acerca entonces a Sophie, la madre de Rémi, para tratar de entender.
- *Invisible* (2024), serie de Disney+ basada en la novela del mismo nombre, de Eloy Moreno, un chico de doce años que ha sufrido un terrible accidente que le ha ocasionado un severo estrés postraumático. Ni el colegio ni sus amigos ni su familia pueden explicar qué ha pasado. Sin embargo, el psicólogo que le trata sí está dispuesto a bucear en su historia y descubrir las razones que le han llevado a esa situación.

Y una película especial: en 2008 se estrenó en nuestro país la película *Cobardes*, dirigida por Juan Cruz y José Corbacho. Historia de dos chavales de Secundaria, uno la víctima y el otro el verdugo. Guille es, en apariencia, un chico como muchos: buenas notas, buen deportista y con una familia que le respalda. Descubre que actuar de «chulito» en clase le granjea el respeto de los demás, por lo que, sin dudarlo, elige a una víctima y, con cualquier pretexto se pasa el día acosándolo con sus amigos. Gabriel es la víctima elegida. El único motivo: tener el pelo rojo. Una obra maestra, a mi entender, sobre cómo enfocar el fenómeno y cierta ceguera ética[14] en las relaciones interpersonales entre iguales; también el papel de los adultos, el modelo de liderazgo tóxico e insolidario, soberbio, chulesco, excluyente, el rol de los «jaleadores» de la burla, la influencia de los adultos (y cierto «consentimiento» tácito, incluso desde el sentimiento de «orgullo» por la condición de «líder» de sus hijos) por parte de los padres, muy bien ilustrado en la película...

Ese líder que «arrastra», que mueve los hilos, que revoluciona desde su estatus para planificar y tramar cómo, a quién y cuándo hacer daño, hacer sufrir, atentar contra la dignidad. La carcajada interminable, el desprecio, la mirada de superioridad. El miedo y la indefensión como resultado fatal.

Incluso, el papel de las tecnologías de la información (incipientes entonces) en el despiadado interés por hacer un daño «especial» a otros; un daño viral, inacabable; un daño pensado, calculado, contumaz y repetitivo y sostenido desde de la jerarquía de poder. No hace falta irse muy lejos para encontrar una mirada tan lúcida de la faz de este fenómeno, por qué y cómo surge y, claro, cómo se sostiene. Incluso, cómo debe ser abordado, en diferentes ámbitos.

Más allá de la adversidad

El maltrato entre iguales supera con creces la experiencia de la adversidad, del contratiempo, del revés, del tropiezo.

Testimonio

Adriana, 13 años

Hace unos días fue consciente de lo que, probablemente, me estaba pasando en el grupo de WhatsApp que tenemos en clase y en el que estamos casi todos. Alguna vez, en estos últimos dos meses, me daba cuenta de que me eliminaban, no sé quién del grupo, aunque, pasado un tiempo, minutos o alguna hora después, me volvían a incorporar.

La duda de por qué me pasaba esto me inquietaba y preocupaba. Más de una vez pregunté si a alguien más le ocurría. Ponían caras de extrañeza y me daban largas o decían que alguna cosa rara haría yo.

Ayer, sin embargo, fui consciente de que algo más que un simple fallo informático estaba detrás de todo esto. Cuando entré en clase las miradas de todos con quien me cruzaba me «señalaban» por algo. Por algo que no tenía ni idea de lo que podría ser o representar.

Hasta que me enteré. Una compañera me dijo que, por favor, no se lo dijera a nadie, y me explicó que cuando me sacaban del grupo, era para hablar mal de mí y ridiculizarme sin que me enterara. Al volver al grupo no podía acceder a los intercambios de comentarios que se habían producido y, por lo tanto, no sabía qué habían estado diciendo. Eso había pasado algún que otro día. Y ayer, me dijo, pasó. La sensación de ahogo que tengo no se puede explicar con palabras.

A veces no nos salen las cosas como quisiéramos. Personas con las que nos gustaría estar no nos tienen en cuenta, nos sentimos excluidos de algún grupo, perdemos amigos por el camino, nos enfadamos y decepcionamos. Y no es sencillo gestionar este tipo de circunstancias. Es innegable. La adversidad puede suponer crecimiento y construcción de nuevas perspectivas ante situaciones complejas. Los conflictos nos hacen aprender de la experiencia y ampliar la gama de opciones de respuesta a aquello que nos mueve, nos conmueve, hace tambalear y hasta quebrar, por instantes. Pero aquí no estamos hablando de la adversidad sin más. Reconstruirse a partir de ella es posible desde competencias y recursos personales que sirven de base para «rehacerse», «reconstruirse» y acabar haciendo «de la necesidad, virtud».

Pero el acoso entre pares va más allá. Surge muy frecuentemente en contextos de vulnerabilidad psicológica y situaciones personales desfavorecidas. Habitualmente también, cuando los mecanismos de defensa ante las posibles agresiones y estresores están solo empezando a germinar, muy débilmente aún; cuantitativa y cualitativamente. Escasos recursos todavía para afrontar y conductas terriblemente dañinas desde el comienzo. Lacerantes, casi abrasivas. Que ciegan y fulminan las posibilidades de revolverse y responder. La indefensión en la base, la percepción que «de esto no voy a poder salir». Una experiencia dramática de vacío, dolor y sufrimiento.

Al final se trata de un proceso que se experimenta en el caldo caliente de las relaciones interpersonales entre quienes están empezando a aprender las reglas del juego en este mundo, el qué ser, con quién y cómo ser y cómo estar. Nos enfrentamos a un escenario en el que este tipo de interacciones (fundamentales en la vida) se aprenden *off line* casi exclusivamente en las escuelas y centros educativos.

La *calle* y el valor educativo que esta atesoró en su día ha desaparecido prácticamente. Las familias reducen sistemáticamente su número de miembros en una caída inacabable; y con discretas interacciones en casa (pocos hermanos o ninguno, mucho tiempo fuera de casa y tendencia al «celularismo» —nuestros chicos gustan de sus «apartamentos para adolescentes»— y a la hiperconectividad en los entornos digitales), lo que se cuece en el aprendizaje de qué son las relaciones y cómo desarrollarlas, cómo entender nuestro papel y el valor de «los otros» con quienes convivo, se concentra de manera sustantiva en los entornos escolares.

Y no siempre es fácil «hacerse» con los *códigos fuente* así, sin más. Influidos, asimismo, chicos y chicas por un entorno digital que señala, encomia, subraya y sella los cánones de conducta que te abren la puerta para *estar arriba*, pertenecer al grupo dominante, a la jerarquía impuesta... Si no entras en la ecuación, en esa foto, si te quedas fuera de ese algoritmo, las cosas pueden resultar no solo difíciles, sino incluso, en ocasiones, tortuosas.

Hablar de acoso escolar es hablar de una forma de violencia entre iguales. No es otra cosa. Violencia física en ocasiones, o psicológica y emocional en gran parte de ellas. Y, por tanto, genera dolor, mucho dolor. Mal empezamos si eliminamos de este fenómeno su ingrediente o componente social; de aprendizaje social, más que exclusivamente escolar.[15]

Pero claro, es muy visible en sus espacios, los físicos, pero también en los virtuales, aquellos que se configuran en el ejercicio de la interacción y relaciones entre compañeros en brazos de los dispositivos, aplicaciones y redes tecnológicas en los que se mueven y desenvuelven. Pero salvo excepciones, no es un fenómeno que emane o adquiera *músculo* y recorrido a causa de la escuela, su naturaleza y organización.

Las víctimas se explican

El acoso y, por tanto, el maltrato entre iguales, es un fenómeno real, no poco extendido. Esta es la mala noticia, pero, al mismo tiempo, son muy numerosas las experiencias de éxito, de prevención, de pronta detección e intervención efectivas. Este es el lado bueno de estas cosas... De las numerosas conversaciones con víctimas de este fenómeno, al abrigo de los efectos del momento en que se produce, o pasados ya algunos años de las terribles experiencias vividas, he aprendido muchas cosas, pero algunas esenciales.

Características que ellos, las víctimas, desean que se cuenten, expliquen y se hagan visibles:

- Una, en situaciones graves, el dolor en la víctima es profundo. Como profunda es la desesperanza y la indefensión que crea en quien lo sufre, y la pérdida de la confianza que genera, en todos, en uno mismo, también.

- Dos, las víctimas reconocen pensamientos recurrentes: el de la venganza (algún día...) y, ojo, a veces, el de desaparecer del mapa...

- Tres, la terrible sensación de indefensión: «No voy a poder salir».

- Cuatro, resaltar las consecuencias balsámicas de la ayuda de los compañeros, de los iguales, de los que casi siempre solo observan sin hacer nada. Basta sentir una mano en tu hombro, la mirada sincera, el apoyo de algunos amigos y compañeros para ver la luz al final del túnel.

- Cinco, es necesario pedir ayuda. Si no puedes afrontar la situación, pide ayuda. No lo dudes. Y no te retrases en hacerlo. Nunca.

- Y seis, de esto se sale. Se puede salir; con ayuda, se sale.

1. La experiencia del dolor profundo	2. A veces, las fantasías son terribles	3. La indefensión: no voy a poder salir de esto
4. Un amigo sincero puede ser mucho	5. Cuéntalo y pide ayuda	6. Se puede salir, con ayuda

Es necesario abordar el problema como un reto. Desde la promoción intencionada y convencida de la convivencia pacífica. Y, por supuesto, desde la consideración global del fenómeno. Es asimismo imprescindible trabajar profundamente con los grupos-clase, definiendo y tasando las situaciones con la incorporación de los observadores, y no solo de los que siempre han parecido, y aparecido, como los únicos actores: agresores y víctimas (Luengo, 2016).

Testimonio

Rubén, 16 años

Nunca me sentí completamente parte de «los chicos». Desde pequeño me gustaban cosas que a otros les parecían «raras»: la danza, el arte, las películas románticas. En Primaria ya se reían de mí por mi forma de hablar o por mis gestos, aunque yo apenas entendía qué iba a significar todo esto que se iniciaba. Solo sabía que dolía. En Secundaria todo se volvió peor. Mucho peor. Mi mente daba vueltas como una centrifugadora. «¿Qué me pasaba?», me preguntaba siempre. «¿Por qué soy así?».

No sé en qué momento supieron que me gustaban los chicos. Tal vez fue cuando decidí que con quien me encontraba realmente bien era con un grupo de amigas con las que hablaba y reía sin parar, y sin miedo a qué pudieran pensar. O cuando empezaron a imitar cómo hablaba o movía el cuerpo y los brazos al hablar o andar. O quizá fue esa vez que me quedé mirando a Víctor por dos segundos más de la cuenta. No sé ya si me importa.

Lo que sí ocurrió fue que, desde entonces, mi vida en el colegio se volvió un infierno silencioso. Todo comenzó con las miradas, las risitas, los gestos que me hacían. Después vinieron las palabras, el lenguaje que todo lo define y marca. Luego, los mensajes en el grupo de WhatsApp: «No te queremos con nosotros. Hueles mal», «Muérete, marica». Una vez, alguien me empujó en el baño. Me caí, lo grabaron y se marcharon riendo. Y, claro, lo difundieron. Dejé el grupo en la red, pero tampoco me ayudó mucho. Sabía que estaban ahí, como lobos acechando a la presa.

No podía decir nada en casa. Mi madre me miraba y sabía que pasaba algo. Alguna vez me preguntaba, pero nunca e advertí de nada. Temía la reacción de mi padre.

Todo ocurría fuera de la mirada y de la atención de los profesores. Sabían cómo hacerlo, claro. Yo creo que los profesores intuían mi malestar porque alguna vez me preguntaban si me ocurría algo. Una de mis amigas sí habló con Pablo, e profe de Lengua. Lo sé porque él expresamente vino a preguntarme si había compañeros que me molestaban, que si quería que hablásemos juntos con mis padres. El sudor recorría cada poro de mi piel...

Le dije que alguna vez se metían conmigo por mi aspecto, gestos o mi manera de hablar, pero que las cosas habían mejorado en las últimas semanas. A mis amigas les contaba lo justo; me hacía el fuerte con ellas... Pero lo cierto es que tenía miedo, miedo de todo.

Me daban miedo ellos, las consecuencias de cualquier cosa que pudiera hasta enfurecerlos. Tan populares en la clase, tan gallitos siempre. Podían insultar y reírse de quien quisieran.

Me daba pánico pensar en que «ellos» pudieran considerarme un «chivato» y las consecuencias de ello. Sabía que me equivocaba, pero no me daba el cuerpo ni la mente para más. Lo dejé pasar.

Había noches en que me preguntaba si realmente tenía algo malo. Me miraba al espejo y pensaba: «¿Por qué nací así? ¿Y si mañana ya no estoy...? Nadie lo notaría...».

Pero sí había alguien; Sofía, una de mis compañeras de clase, era mi alma gemela; era callada, pero siempre estaba pendiente de mí. El otro día me cogió de la mano cuando se dio cuenta de que estaba a punto de llorar en el recreo, mientras le contaba que, a veces, no podía soportar sentirme distinto a todos. Ella me comprendía. Su sonrisa, su mirada, siempre a mi lado. Un día, después de verme llorar en la biblioteca, me dejó una nota en mi cuaderno: «No estás solo. No eres un error. Te veo. Eres un encanto. Y estoy a tu lado».

Por las noches pensaba en ella cuando mi mente se aceleraba con pensamientos negativos. Su nota era mi salvación en esos momentos de soledad cruel por la noche. La noche tiene esas cosas. No ves nada que tu corazón no te permita ver. La nota de Sofía está siempre en mi mochila. Una noche, en casa, ya no podía más, se la enseñé a mi hermano Álvaro, que es mayor que yo. Me abrazó fuerte y me dijo: «Mañana los dos juntos vamos a hablar con mamá, pero no te olvides la nota. Quiero que la lea. ¡Tienes derecho a ser como eres, y eres único, Rubén!».

Testimonio

Ángel, 12 años: «Todos a una»

Todos los días ocurría. Todos sin excepción. Mi mochila se convertía en un odioso cubo de basura. Odioso, sí. Odiaba mi mochila. Odiaba cada instante, cada momento en que la abría para sacar mis cosas en clase. Ni un solo día dejé de encontrarme notas que me insultaban y ahogaban mi vida. Notas con insultos, dibujos, expresiones que ensanchaban el tremendo agujero que poco a poco había ido creciendo en mi corazón.

Notas en papel, anónimas. «No te queremos aquí», «Vete ya, enano de mierda», «Un día vas a colarte por el agujero del váter; por ahí te vamos a meter. Y vas a caber...», «Enano, enano, escoria».

Soy bajito, muy bajito. Ando con tratamientos de hormonas o algo así a ver si crezco. Cada noche pienso en todo lo que me espera al día siguiente. En el colegio y fuera de él. Lo último, mi cara en el cuerpo de un perro canijo, mi nombre al lado. Todos lo vieron. Corrió en las redes lleno de comentarios; de todos, o casi de todos. Laura siempre me ha defendido. Lo intentó al menos. Un día tuve que decirle que dejara de hacerlo porque ya la habían tomado con ella y empezó a tener que soportar de todo también. Pero sigue siendo mi amiga, creo que la única que tengo. Ahora procura no meterse en medio, pero me mira siempre con dulzura. Y yo la entiendo.

Además de bajito, tengo que decir que no he nacido aquí. Vine a España hace un año; solo con mi madre y mi hermana Jessy, que tiene seis años. Vivo en una casa muy pequeña que compartimos con más gente, familiares de mi madre. No tengo amigos. Mi madre trabaja muchas horas y, después de clase, nos suele cuidar una prima suya que vive con nosotros y que tiene veinte años.

Hay quien a la cara me dice alguna cosa con ganas de hacerme daño. Me lo hace, claro. Yo me callo y procuro ni mirar. Pero no siempre es el mismo. Creo que se turnan para insultarme a la cara. Al principio les decía algo; y lo conté. No sé si fue peor, no lo sé. Mi madre me dice que estudie y no haga caso, pero sé que está preocupada, y alguna vez ha venido al colegio a contar que me ve muy triste. Yo procuro decirle que todo va mejor.

De verdad que no sé qué les he hecho para que me traten así. Hay gente que no me cree o cree que exagero, pero de verdad que no. Yo quisiera pasar desapercibido. No es posible. Queda poco para el final de curso. Espero que todo me vaya mejor el año que viene».

El corazón del análisis del fenómeno: la investigación inicial y algunas acciones significativas

> «Si eres neutral en situaciones de injusticia, has escogido el lado del opresor».
>
> DESMOND TUTU

Ya se ha señalado con anterioridad. La teoría y la investigación sobre el maltrato entre iguales deriva esencialmente de los trabajos de Dan Olweus en la década de los setenta y siguientes. Este catedrático de Psicología nacido en Suecia dirigió numerosas investigaciones en el campo de la violencia y del denominado *bullying* en la escuela, encargadas por el gobierno de Noruega.

Su investigación, que dio origen al concepto de *bullying* (—intimidación—, que en nuestro país ha sido traducido al concepto de «acoso escolar»), permitió definir el fenómeno en los siguientes términos: «Un alumno está siendo maltratado o victimizado cuando él o ella está expuesto repetidamente y a lo largo del tiempo a acciones negativas de otro o un grupo de estudiantes». En 1998 Olweus publicó una de sus investigaciones más famosas en el libro *Conductas de acoso y amenazas entre iguales*.

El paso del tiempo ha ido incorporando nuevos elementos a las ideas germen de la gran investigación generada sobre el fenómeno, señalándose elementos y variables de gran relevancia para la comprensión del mismo.

Sin embargo, a pesar de que parece existir un acuerdo sobre la definición del *bullying*, algunos autores han realizado interesantes contribuciones para la comprensión del fenómeno. Una gran aportación es la de Ortega cuando explica las dos leyes que mantienen el maltrato entre escolares: la «ley del silencio» y la «ley del dominio-sumisión». Según Ortega, estas dos leyes son las que posibilitan que el *bullying* se mantenga. Por un lado, las personas implicadas, directa o indirectamente, tienen a mantener en silencio lo que está sucediendo, lo que dificulta que deje de ocurrir; y, por otro, las personas implicadas directamente mantienen un vínculo por el cual uno aprende a dominar y otro, a ser sumiso a esta dominación. (Del Rey, Ortega-Ruiz, 2007).

Especialmente destacable de las investigaciones del citado Olweus y su modelo de atención e intervención es, sin duda, la representación del conocido como «Círculo del *bullying*»:

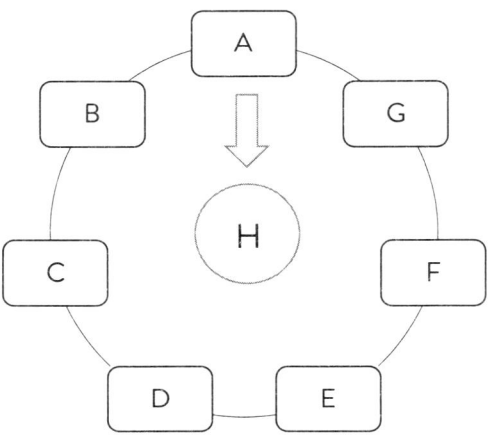

El círculo del maltrato entre compañeros: alternativas de reacción entre los iguales ante un episodio de intimidación y acoso. El agresor inicia el comportamiento (A) hacia la víctima (H), encontrando «seguidores» que tienen un papel activo, aunque no hayan iniciado el hostigamiento (B); el o los agresores pasivos, que apoyan al agresor, pero no se involucran activamente (C); otros alumnos igualmente apoyan al agresor, pero no lo demuestran abiertamente (D). Encontramos, asimismo, a espectadores que no manifiestan posición activa ninguna: su opción es considerar la situación como un «problema de otros» en el que no voy a involucrarme (E); podemos señalar, asimismo, a aquellos que desaprueban el hostigamiento y piensan, incluso que podrían o debería ayudar a la víctima, pero no lo hacen[16] (F). Por último (G), estarían los que, además de que desaprueban explícitamente la violencia hacia el otro y ayudan o tratan de ayudar al compañero expuesto, a la víctima (H).

Se resalta singularmente el escenario del «Círculo del *bullying*» por la relevancia que tiene en la generación de espacios seguros y protectores contra el maltrato entre compañeros y, por supuesto, para guiar las acciones de interpretación e intervención de una manera contextualizada y eficiente.

El Defensor del Pueblo español ya había presentado un excelente estudio en el año 2000, una auténtica referencia en los contenidos que estamos tratando: «Violencia escolar: el maltrato entre iguales en la Educación Secundaria Obligatoria». De especial consideración son algunas de las ideas que se exponen en la introducción del informe:

> Lo que se ha estudiado es un tipo de violencia, que a menudo solo se manifiesta bajo la superficie de las relaciones observables en la escuela, oculta casi siempre para los adultos, pero bien conocida por el alumnado. Es por ello un tipo de violencia difícil de identificar, de diagnosticar en cuanto a su gravedad y de eliminar.

De sumo interés son las recomendaciones que el informe detalla. Muy de actualidad es, con pocas dudas, la citada en el apartado II:

Los abusos entre iguales y en general la violencia escolar desborda en ocasiones el ámbito puramente educativo, y exige para su correcta comprensión y adecuada resolución el conocimiento de circunstancias y situaciones ajenas a las escolares y la intervención de autoridades o administraciones diferentes de las educativas.

El Defensor del Pueblo realizó una actualización del citado estudio en 2007. Otro magnífico texto. Entre sus nutridas conclusiones y recomendaciones destaco una que me parece imprescindible (págs. 269 y 270):

Los centros docentes, en la elaboración, aprobación y aplicación de los planes o proyectos globales de prevención, deberían articular la participación de los distintos sectores de la comunidad educativa, y especialmente de los alumnos, en lo que haga a las fórmulas que se prevean para la resolución de conflictos generados por la violencia entre iguales.

La colaboración de las familias con los centros docentes para la prevención y el tratamiento de la violencia escolar resulta ser un elemento clave para la eficacia de cualquier sistema de intervención.

En esas fechas, el Defensor del Menor en la Comunidad de Madrid resultó ser una de las instituciones que, con gran repercusión, desarrolló acciones colaborativas con otras instancias para la elaboración de materiales de apoyo a los centros educativos. En semejante contexto de profundización sobre esta lacra, la institución elaboró en 2005 dos guías sobre el fenómeno orientadas a los padres y también para los propios chicos y chicas, como materiales para la reflexión conjunta entre los diferentes agentes en las comunidades educativas: *El maltrato entre escolares: Guía para padres* y *El maltrato entre escolares: Guía para jóvenes*.

En el contexto de reflexión y desarrollo de algunas de las iniciativas citadas, en 2005, escribía las siguientes consideraciones:

> Los efectos de las transformaciones sociales surgidas en los últimos años no se han hecho esperar. Y con ellos, la aparición de significativas modificaciones en las reglas del juego de nuestra organización social que afectan notablemente a nuestra infancia en general. Variables como la configuración y estructura de las ciudades, la organización de la jornada laboral, la quiebra del modelo tradicional de estructura familiar y la irrupción del esquema de hogar vacío (en el que la casa se convierte en un espacio casi de tránsito en el devenir de las ocupaciones «importantes»), la creciente influencia de los medios de comunicación y de las tecnologías de la información en los procesos de socialización y educación de las personas —no solo de los menores de edad—, los formatos de comunicación interpersonal y la difícilmente frenable invasión de los procesos de relación virtual entre personas...
>
> Las ciudades crecidas al son de ritmos frenéticos. Las familias desorientadas en sus cometidos, absortas en una compleja

secuencia de responsabilidades difíciles de conciliar. La institución educativa sumergida en una importante crisis de identidad, envuelta —sin pretenderlo— en la sinrazón de un debate feroz sobre su papel ineludible como bisagra para la tan traída y llevada conciliación de la vida familiar y laboral (Luengo, 2005).

Adrián, cerca ya de su décimo cumpleaños

«Cada nuevo comienzo viene del final de algún otro comienzo».

Séneca

Han pasado cuatro años desde la última vez que escribí aquí. Las cosas no fueron bien con eso del diagnóstico que estaban haciéndome sobre lo que me pasaba. Mis «rarezas» han seguido y aumentado. Eso creo. Ya estoy en quinto de Primaria y las situaciones que he vivido en las clases por las que he ido pasando me han hecho, si cabe, todavía más diferente. O, lo que se acerca, todavía más aislado, más excluido.

Sé que no ayudo, que no ayuda mi manera de ser, mi extraña manera de mirar, mis pensamientos, a veces, obsesivos, mis conductas, también en ocasiones, repetitivas. Pero lo intento, de verdad que lo intento. Me cuesta sonreír, pero noto la distancia con los demás cuando nadie me sonríe, cuando casi nadie se acerca. Entiendo que no entiendan, que no comprendan lo que me pasa, pero vivo una experiencia muy difícil de explicar, o no; no sé.

Me gusta estar solo, pero las clases se me dan bien; se me dan bien las cosas que nos mandan en el colegio, especialmente las Matemáticas y las Ciencias, y también la Lengua. Todo en general. Dicen, he oído, y he leído (sé leer, no creáis que no me entero) que tengo eso que llaman «altas capacidades», además de un tipo de trastorno de esos de personalidad que debe de tener que ver con el autismo (síndrome de Asperger, así lo pone en un informe que pude ver). Pero no sé si es eso o «cómo estoy hecho»; creo que nadie entiende que pueda responder, y bien (a veces demasiado, soy muy obsesivo), a lo que se nos pide en clase y, sin embargo, que no muestre signos de interés, amabilidad o cercanía con los demás. Necesito que me dejen hacer a mí, a mi manera; no me gusta trabajar en grupo. ¡Qué más quisiera! Pero no sé, no puedo. De verdad que lo intento, pero me cuesta mucho. Y me doy cuenta de que ya soy como un pequeño» extraterrestre» en la clase.

Es como si mi cerebro me trasportase a una película en la que me veo como los demás me ven. Y no me gusta lo que veo. No me gusta verme así. Mi cabeza «echa humo» por esta terrible contradicción. Si pudiera comunicarme mejor, como lo hacen los demás, seguramente les diría que no soy como ellos, pero que me siento mal cuando me veo rechazado, excluido.

Tampoco soporto mucho el contacto físico, pero eso no significa que me guste ser ignorado, no ser tenido en cuenta. Me siento a veces como un ser extraño en la clase y, repito, me siento culpable cuando, sin que nadie se dé cuenta (o eso creo) me fijo en los demás, en lo que hacen, en cómo hablan entre ellos.

Soy torpe socialmente, me gusta muy poco la interacción con los demás y tengo algunas conductas repetitivas. Hablo, y mucho, pero de lo que me gusta hablar y en momentos en los que tengo interés por algo y también se me pregunta, claro. Pero no lo hago bien en las relaciones personales. Y esto me hace sufrir. No sé si es posible creerme, pero realmente es así.

Lo cierto es que, al final, y eso debe ser ya por mi culpa, no soy nadie en clase. Siento que me miran mal, y esa experiencia hace que crezca mi dificultad para ser y estar con los demás. De verdad que no puedo. Pero me gustaría que me entendieran y poder sentir que alguien se interesa por mí y me quiere.

Hay quien me hace sufrir, pero lo hago en silencio. Aunque me siento maltratado, no solo excluido. Los insultos y las risas, los empujones y las miradas. «Aquí no te quiere nadie, tío raro»... No veo luz delante de mí.

ADRIÁN

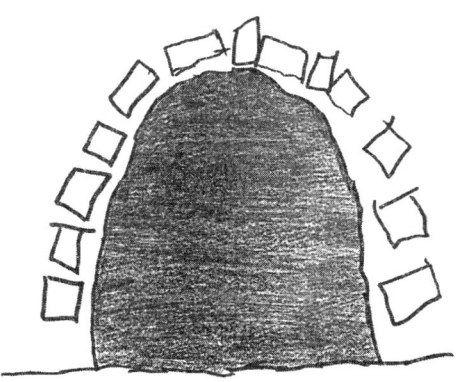

Sin luz en el túnel
Dibujo: Carlota Blázquez Yévenes, 8 años.

4.
El acoso entre iguales y su impacto en la salud mental

«Amurallar el propio sufrimiento es arriesgarte a que te devore desde el interior».

FRIDA KAHLO

«Los adolescentes pueden tener miedo a hacerse mayores, a cómo les ven los demás, al rechazo del grupo de iguales, al fracaso en sus propósitos... A la soledad, al futuro, a perder a personas significativas».

MONTSERRAT GRAELL[17]

El acoso escolar aumenta el riesgo de padecer trastornos mentales en la juventud y en la edad adulta

Como afirmaron Kwon en 2022 y Azcárate en 2007, el acoso escolar tiene consecuencias en la salud mental de las víctimas a corto, medio y, según las circunstancias, también a largo plazo, y puede ser el desencadenante de enfermedades graves. Por su perfil de recurrencia y continuidad, experiencias angustiosas como el maltrato verbal o las agresiones físicas, la exclusión recurrente, la humillación o la invalidación psicológica provocan una reacción de estrés con sensible y negativo impacto en el sistema nervioso, asociado en no pocas ocasiones a largo plazo con el siempre muy complejo trastorno por estrés postraumático.

Citando, asimismo, a Javier Urra en 2022, la sintomatología más sensible en las víctimas cursa con evidencias marcadas de profunda tristeza, cambios significativos en las rutinas, grave desafección por la actividad escolar, pérdida de interés notable por las relaciones interpersonales y, lo que es dramáticamente inquietante, la construcción de una identidad sin confianza (colapsado el crecimiento saludable del autoconcepto y la autoestima) y la internalización de aspectos negativos atribuidos de forma cruel e insistente por quienes ejercen la violencia y el maltrato psicológico hacia ellas (pág. 54).

Los efectos en las víctimas pueden ser devastadores. La investigación realizada por Schneider, O'Donnell, Stueve y Coulter en 2012 aporta datos muy significativos sobre los sobrecogedores efectos en la personalidad y en la salud mental de los chicos y chicas afectados por el *bullying* y el *ciberbullying*. Los resultados del estudio muestran unas cifras alarmantes en efectos como la sintomatología depresiva, la ideación suicida, las autolesiones y los intentos suicidas que requirieron tratamiento médico. Los datos que aporta la investigación son concluyentes. Llegan a duplicarse (y en algunos casos incluso más) las consecuencias en todos los parámetros señalados si comparamos a sujetos que sufren *bullying* o *ciberbullying* de forma aislada, o ambos, comparados con los sujetos que no habían pasado por la experiencia de acoso o ciberacoso.

En 2015, Lereya y colaboradores publicaron en *The Lancet Psychiatry* el artículo «Consecuencias del acoso y el maltrato entre pares en la salud mental de los adultos: dos cohortes en dos países». Entre las conclusiones del estudio que dio cuerpo a la publicación, se señala especialmente que:

- El *bullying* es un factor de riesgo dependiente y potente para desarrollar ansiedad, depresión y conductas autolesivas en la juventud y adultez temprana.
- Aunque el maltrato infantil es sensiblemente grave, el acoso entre pares presenta efectos a menudo más dañinos a largo plazo.
- La prevención del *bullying* en entornos escolares y comunitarios debería ser considerada una prioridad de salud pública, en igualdad de importancia que la prevención del maltrato infantil por adultos.

La investigación y la evidencia empírica dejan poco lugar a las dudas al respecto.

El haber sido víctima de acoso escolar duplica las posibilidades de que aparezca esquizofrenia o trastornos psicóticos en el futuro. Las posibilidades de sufrir una depresión o de suicidarse se ve incrementado en un porcentaje mayor.

El Dr. Celso Arango subraya además que los niños propensos a sufrir algún trastorno mental, o que ya lo padecen, son también propensos a ser las víctimas del maltrato de sus compañeros con lo que entramos en un círculo vicioso.

> Chicos que de por sí tienen un problema de discapacidad intelectual, que tienen problemas de comunicación social, como trastorno del espectro autista, o una timidez patológica son más fácilmente acosados por otros. Lo que estamos viendo, por tanto, es una interacción de niños, que ya de por si tienen más riesgo, a los que se les da un factor de riesgo adicional que es el ser acosado por otros (2016).[18]

El estudio «El acoso escolar en la adolescencia: impacto en el ajuste socio-emocional y conductual» de Álvarez-Marín en 2022 buscó la asociación entre el acoso escolar y el ajuste socioemocional y conductual en una muestra de 1.777 adolescentes. En la investigación se encontraron diferencias estadísticamente significativas entre los grupos de víctimas y no víctimas, y entre los de víctimas y agresores en autoestima, en síntomas de depresión y dificultades emocionales y conductuales. Las víctimas obtuvieron puntuaciones menores en autoestima y mayores en síntomas de depresión y dificultades emocionales y conductuales que las no víctimas o que los agresores. El alumnado con comportamientos agresivos presentaba más problemas de conducta que el no agresor y una menor conducta prosocial que el alumnado víctima de acoso. Estos hallazgos confirman las implicaciones negativas en el ajuste socioemocional y conductual del acoso escolar en los adolescentes víctimas y agresores.

Labrador, Toscano, Conde y Boza publicaron en 2023 el artículo «Factores psicológicos y secuelas en estudiantes de Educación Primaria víctimas de acoso escolar». Esta investigación pretendía conocer la relación entre ser víctima de acoso escolar y una serie de factores relacionados con la salud psicológica (ansiedad, autoestima, competencia social, problemas familiares y problemas de regulación emocional) en una muestra compuesta por 924 estudiantes de 5º y 6º de Educación Primaria de la provincia de Huelva. «Los resultados mostraron que los alumnos víctimas de acoso presentaban resultados más negativos que sus compañeros en todas las características estudiadas. Las víctimas de acoso escolar presentaban más problemas familiares (Bartolomé y Díaz, 2020; Cook *et al.*, 2010) y menor apoyo familiar (Alcántara *et al.*, 2017; Brendgen *et al.*, 2016) que sus compañeros, así como menores niveles de autoestima que sus compañeros (Ameli *et al.*, 2017; Goldbach *et al.*, 2017; Requejo, 2019; Seo *et al.*, 2017)».

Una reciente publicación de Orovio en 2024 ha mostrado la relación entre los factores psicopatológicos y las consecuencias clínicas del acoso escolar mediante una revisión sistemática cualitativa de veintiún artículos de singular relevancia en el contenido que es de referencia. Los resultados muestran que la ansiedad, la depresión, el aislamiento, la agresividad y los trastornos de conducta y del desarrollo se relacionan con las consecuencias clínicas del acoso escolar en los diferentes roles involucrados.

De especial interés en la aproximación científica al complejo proceso que ahonda en las profundas relaciones entre la experiencia de ser víctima de acoso escolar continuado y las consecuencias en la anatomía, estructura y el desarrollo del sistema nervioso es el estudio[19] publicado en la revista *Biorxiv* (Connaughton *et al.*, 2024) y dirigido desde el Trinity College de Dublín. Este trabajo que detectó patrones que sugieren un impacto directo del estrés crónico asociado al acoso en el desarrollo neurológico de los adolescentes. El equipo investigador concluyó que, si bien no se puede confirmar que el *bullying* sea la causa directa de los citados cambios, los resultados refuerzan la idea de que el acoso escolar está estrechamente ligado a la generación de alteraciones en el crecimiento cerebral.

Las referencias y evidencias son constantes, explícitas y consistentes. El acoso escolar engrosa la larga lista de experiencias tasadas en la literatura internacional como «Experiencias adversas en la infancia» (EAI). En este constructo, se hace referencia a situaciones que incluyen un conjunto de acontecimientos y circunstancias potencialmente estresantes y traumáticas, normalmente no normativas, que pueden afectar directamente a los niños y adolescentes antes de los dieciocho años. Las primeras publicaciones consideraban como EAI solo las situaciones de maltrato o abuso; sin embargo, hoy está suficientemente demostrado que existe un espectro muy amplio de adversidad que va desde eventos amenazantes (abuso físico o sexual, acoso entre pares, exposición a diferentes formas de violencia o a desastres naturales o guerras) hasta condiciones de vida deficitarias de forma crónica y continua, como la exposición a enfermedad mental de los padres, racismo, pobreza, negligencia, separación familiar, conflicto parental, exposición a tóxicos ambientales, contaminación, ansiedad constante por la pandemia global, rechazo o el aislamiento social. Estas nuevas categorías, relacionadas con el impacto dramático del *estrés tóxico*, representan para Sánchez-Vázquez un marco explicativo esencial para reconocer y entender los problemas de salud y de salud mental emergentes en la actualidad en la infancia y adolescencia (2024).

Resulta, asimismo, de mucho interés conocer la investigación desarrollada a los efectos de revisar los diferentes impactos y consecuencias según la naturaleza de la experiencia vivida: uno, como víctima de acoso entre iguales, y dos, como víctima de maltrato ejercido por adultos.

Diversos estudios han comparado el impacto del maltrato ejercido por adultos con el *bullying* entre pares, y han encontrado diferencias notables en los tipos de consecuencias y su duración. Según Gilbert, tradicionalmente, se ha considerado que el maltrato por parte de adultos (como padres o cuidadores) genera efectos más profundos debido a la relación de dependencia y apego que se establece en la infancia temprana (2009). Sin embargo, investigaciones recientes sugieren que la victimización por parte de iguales, especialmente cuando es crónica, puede tener efectos igualmente devastadores, e incluso superiores en algunos casos, en la salud mental a largo plazo.

Los estudios vienen señalando en la actualidad el efecto devastador que puede tener el *bullying* en la adolescencia, especialmente cuando se prolonga en el tiempo y no recibe la atención adecuada. Estudios comparativos han comenzado a explorar esta cuestión desde una perspectiva empírica, señalando que el impacto de la victimización por parte de iguales puede ser tan o incluso más perjudicial que el maltrato adulto en ciertas dimensiones, como la salud mental, el rendimiento académico y la integración social en la edad adulta.

> Hay estudios que prueban también que el acoso escolar es más difícil de asimilar que la violencia o abuso de personas adultas y sus consecuencias son más perniciosas. La víctima se siente incluso más culpable porque piensa: debería haber sido capaz de defenderme; cuando estoy con un adulto que tiene mucha más fuerza física no puedo negarme y por eso acabó abusando de mí sexualmente o me maltrató físicamente... El abuso de un adulto evidentemente genera una serie de consecuencias nocivas pero la percepción que se tiene de ello no es tan negativa como la del acoso escolar que es la violencia por parte de un igual (Arango, 2016).

Un estudio longitudinal realizado por Wolke y sus colegas en 2015 analizó datos de dos cohortes grandes en Reino Unido y EE.UU., y concluyó que los niños y adolescentes víctimas de *bullying* tenían un mayor riesgo de presentar ansiedad, depresión, ideación suicida y problemas económicos en la edad adulta que aquellos que solo habían sufrido maltrato por adultos. Este hallazgo destaca que el impacto del *bullying* puede no ser solo transitorio, sino que se extiende a múltiples áreas del funcionamiento más allá de la adolescencia y juventud.

Por otro lado, estudios como el de Lereya en 2013 señalan que la combinación de ambos tipos de victimización —por adultos y por iguales— tiene un efecto acumulativo más severo, aumentando significativamente el riesgo de trastornos psiquiátricos, autolesiones y exclusión social. La interacción entre ambos contextos de violencia crea un ambiente de inseguridad persistente que limita las capacidades de resiliencia de los menores.

Lo más relevante de la evidencia científica actual es que estas formas de victimización son responsables directas de perturbadores efectos en el desarrollo de niños y adolescentes.

Acoso escolar y conducta suicida

Muchas historias terminan así cada año a nuestro alrededor. Historias de vida que culminan con la muerte autoinfligida. Historias arrinconadas y encerradas en la fría racionalidad de números y cálculos que suelen salpicar los titulares de los medios de comunicación cada 10 de septiembre, Día Internacional para la Prevención del Suicidio, pero que quedan un tanto arrinconados a la jornada siguiente por una sociedad demasiado acostumbrada[20] a laminar cualquier intento de visibilizar la tragedia que conlleva el fenómeno en sí. Son historias que hablan del dolor de las personas, pero que dibujan, sin duda con trazo grueso, un atávico, tenebroso, dramático e ignominioso fracaso social.

En ocasiones, una «grieta en el cielo», la muerte por suicidio, una conducta ligada a la terrible experiencia de no poder salir del agujero negro que subyace a la experiencia diaria de vivir el daño intencionado. Y experimentado a una edad en la que uno solo espera poder tener espacio y tiempo para comprender el mundo que le toca vivir, ser, compartir. A una edad en la que la confianza en quienes te rodean debería nutrir y alimentar cada segundo de tu existencia. La seguridad, la sensación y percepción de ser alguien, de representar algo en la vida de los demás. De ser respetado tal como eres, hablas, vives y sientes. O no.

Interpretar las relaciones entre el acoso escolar y la conducta suicida es siempre complejo. Un proceso que ha de hilvanarse y explicarse bien. En cualquier caso, se trata de un contexto nutridamente documentado. No obstante, hemos de ser extremadamente cautos en trazar una línea directa entre la victimización en situaciones de acoso y la conducta suicida. Habría que indicar que el *bullying*, por sí solo, no parece explicar totalmente la aparición de ideación suicida o intentos de suicidio, sino que su efecto se potenciaría con el de otros factores de riesgo biopsicosociales concomitantes, pudiendo entenderse la ideación suicida el resultado de origen multifactorial. En cualquier caso, la correlación no puede, ni mucho menos, despreciarse. Más bien, al contrario.

El meta-análisis de Holt *et al.* (2015), «Suicidal ideation and behaviors among youth involved in bullying: A meta-análisis», con una revisión de 47 estudios internacionales, concluye entre sus resultados que los jóvenes que son víctimas de *bullying* tienen más del doble de probabilidades de tener pensamientos suicidas que quienes no están involucrados en este tipo de experiencias.

La investigación en poblaciones adolescentes «Ideación suicida e intentos de suicidio entre los jóvenes que informan victimización por acoso, perpetración de acosadores y/o baja conexión social» de Arango, Opperman, Gipson y King en 2016 indicaba que la participación en el acoso como víctima y/o perpetrador tanto en contextos tradicionales como electrónicos se asocia con un mayor riesgo de suicidio.

En su artículo «Acoso escolar, Conductas autolesivas, ideación, e intentos autolíticos en una muestra clínica de un centro de salud mental», Alcindor-Huelva *et al.* (2019), ya citado anteriormente, los autores exponen que, en línea con la evidencia disponible, detectaron un claro aumento de la frecuencia de autolesiones. En su muestra indicaban una alta prevalencia (27,3 %), frente a la muestra sin acoso escolar, (13,1 %). Los principales motivos en la base de estas acciones, explican, eran variados: venganza contra otros y manipulación, intención de morir, la búsqueda de atención, o escapar de situaciones intolerables y agonizantes. Parece suficientemente avalado que el distrés emocional producido por la experiencia de ser acosado puede llevar aparejados una autoestima y autoconcepto bajos que, a su vez, habilitan un espacio abonado para el autoestigma. El adolescente se siente avergonzado, con sentimientos de inutilidad y culpándose de la situación, influido por su propia baja autoestima. Este conjunto de emociones (autoestima y autoestigma) se asociaban con sintomatología depresiva y conductas autolesivas. En sus conclusiones detallan que la prevalencia estimada de autolesiones en una muestra adolescente (14-15 años) que habían sufrido acoso escolar se situaba en torno al 18,6 % (27 % para las chicas y 6,7 % para los chicos); y, en relación con la ideación autolítica, reportaban un aumento significativo en la muestra con acoso escolar (27,3 %), pero sin llegar a ser estadísticamente significativa con respecto a la muestra sin acoso escolar. Indicaban, asimismo, la necesaria contemplación de varios factores de riesgo, como determinantes de un incremento de aparición de la ideación autolítica; como el género, el tipo de intimidación, la sintomatología y la disponibilidad de apoyo interpersonal.

El informe de la Unesco (2019) «Behind the numbers: Ending school violence and bullying» concluye con claridad que el *bullying* está asociado con problemas de salud mental y riesgo suicida en todas las regiones del mundo y que las víctimas de *ciberbullying* presentan un mayor riesgo de suicidio que las del *bullying* físico o verbal.

En el año 2022 se publica el artículo «Acoso escolar, *ciberbullying* y salud mental: el rol de la cohesión entre estudiantes como factor protector escolar» firmado por Lucas-Molina, Pérez-Albéniz, Solbes-Canales, Ortuño-Sierra y Fonseca-Pedrero en 2022. Entre las conclusiones de la investigación, que contó con una muestra de 1.744 estudiantes de 14-18 años de 31 centros de Educación Secundaria de España, y que exploró la asociación entre el nivel individual de acoso y *ciberbullying* y tres indicadores de ajuste (conducta suicida, síntomas de depresión y autoestima), así como el papel moderador del nivel escolar de cohesión estudiantil en estas relaciones, se subraya que el acoso escolar y el *ciberbullying* están asociados a efectos adversos para la salud mental y que la victimización tradicional y la cibervictimización, así como el *ciberbullying*, se relacionaron positivamente con la conducta suicida y la depresión y negativamente con la autoestima.

En su artículo «Acoso escolar (*bullying*) como factor de riesgo de depresión y suicidio» Azúa, Rojas y Ruiz (2022) realizan una revisión bibliográfica que explora la asociación entre *bullying* y desarrollo de depresión y/o suicidio. Pese a la gran variabilidad de tamaños de muestra e instrumentos utilizados en los estudios revisados, la evidencia establecería una relación significativa entre la exposición al *bullying* y desarrollo de depresión e ideación suicida en adolescentes, además de confirmar la mediación de los síntomas depresivos entre la exposición a *bullying* y conductas enmarcadas en el espectro de la conducta suicida (ideación, planificación, comunicación e intento).

De especial interés y pertinencia es, asimismo, el artículo «Bullying Victimization and Suicidal Behavior among adolescents in 28 Countries and Territories: A Moderated Mediation Model» de Peprah en 2023. En él se sustancia que estudios previos han demostrado cada vez más los efectos adversos del acoso escolar en la conducta suicida entre los jóvenes, pero los mecanismos subyacentes a esta asociación siguen sin estar claros. En la investigación se utilizaron datos escolares transversales de la Encuesta Global de Salud Escolar de veintiocho países y territorios. Los resultados obtenidos, con una participación de 78.558 adolescentes escolarizados, reflejaron que el acoso escolar se asoció con un aumento del 44 % en el riesgo de conducta suicida, y que la soledad medió parcialmente en la asociación entre el acoso escolar y la conducta suicida, y la participación parental moderó dicha asociación.

Los hallazgos sugieren la necesidad de reconocer la doble carga del *acoso escolar* y la *soledad* al abordar la conducta suicida, así como la importancia del apoyo parental para la salud mental y el bienestar de los adolescentes.

Y, por supuesto, es imprescindible señalar la relevancia de la necesaria acción preventiva[21] en los centros educativos. Por qué, qué, cómo, dónde y cuándo hacer. Porque no todo vale. Porque el modelo de «charla informativa» puntual, muy habitual desgraciadamente en la configuración de planes de prevención de conductas de riesgo en general, representa, asimismo, un riesgo que es necesario medir de forma adecuada, tenerlo en cuenta y calibrar sus posibles impactos. Prevenir la conducta suicida (o cualquier forma de violencia autoinfligida) no significa, precisamente, entrar en las aulas de nuestros chicos y chicas sin plan ni proyecto preconcebido; ni tratar el contenido con alumnos que no conocemos, con los que no hemos tenido, al menos, la oportunidad de reflexionar previamente sobre aspectos esenciales del dolor psicológico. Deberíamos poder afrontar con ellos aspectos como el efecto de la adversidad, el malestar emocional y el sufrimiento en nuestras vidas o en las de otros, el significado del estigma y, sobre todo, cómo pedir ayuda y cómo poder ayudar.

Testimonio

Nuria, madre de Hugo, de 10 años

Mi hijo Hugo llevaba viviendo experiencias relacionadas con la exclusión y el acoso entre compañeros durante más de tres cursos escolares. Tres años inmersos en una especie de montaña rusa, con momentos especialmente duros, y algunos, también hay que decirlo, de cierta tranquilidad. Mi hijo, que hoy tiene diez años, se encuentra ahora, al principio de este curso escolar, especialmente mal. Empezó los primeros días con ilusión, motivado por algunas cosas muy importantes para él, como el grupo que se creaba o la persona que iba a ejercer de tutor en su aula. Pero, lamentablemente, han pasado apenas dos meses y no ha tardado mucho en sentirse dañado, sin ganas de ir cada mañana al colegio, triste y embargado por pensamientos recurrentes de que nadie lo quiere, que no es nada, incluso que se siente culpable de todo lo que le ocurre.

Algo más ha sucedido estos días. Y me preocupa mucho. Hace unos días la clase de Hugo asistió a una charla de sensibilización sobre el acoso escolar. A lo largo de la misma se habló, según me contó mi hijo, de los efectos que podría tener vivir esta experiencia como víctima. Y, también según mi hijo, se habló y mucho de la posibilidad de que quien sufriera esta terrible vivencia, pensara seriamente en suicidarse o, incluso, lo intentase...

Mi hijo vino descompuesto. En ese mar de dudas que es su mente, la posibilidad de que le invadiera ese «impulso» penetró de tal manera en sus pensamientos que no ha habido manera de manejar su sufrimiento. «No solo no me quieren, sino que es posible que un día me suicide. Y no quiero, no quiero hacerlo, no quiero pensar en ello, tenéis que ayudarme...».

No es mi intención, por supuesto, poner en cuestión las actividades que se programan para visibilizar este fenómeno, pero, creo que es necesario tener en cuenta las edades de los niños que escuchan estos mensajes y calibrar bien quién los da. Quedan en su mente. Y puede que de forma dramática. Las personas que tratan estos temas no tienen por qué conocer la situación de posible vulnerabilidad de los niños que escuchan. Explican, pero se van. Y en sus cabecitas, dependiendo de lo que estén viviendo, pueden ver crecer en su interior atribuciones y miedos que luego no son fáciles de manejar. Por nadie.

La investigación reciente no se detiene, Y conviene citar el estudio sobre «El acoso escolar y el suicidio» de Jiménez en 2025, diseñado con el objetivo de detectar la presencia de acoso escolar en los adolescentes como evento traumático y analizar el motivo de ingreso de dichos pacientes. Se trata de un estudio de tipo observacional descriptivo sobre una muestra de 335 adolescentes que han sido dados de alta de la Unidad de Hospitalización Breve de Adolescentes del Hospital 12 de Octubre de Madrid, en el período del 1 de enero de 2023 hasta el 8 de marzo de 2024. Entre los resultados obtenidos se detalla que un 44 % de los adolescentes ingresados en el período evaluado han experimentado situación de acoso escolar, siendo un evento traumático para ellos y que el motivo de ingreso de dichos adolescentes víctimas de *bullying* más frecuente, con un 78 %, ha sido por riesgo autolítico (ideación o intento autolítico).

Un punto de inflexión: el caso Jokin. Quitarse la vida. La conmoción social

«Libre, oh, libre. Mis ojos seguirán, aunque paren mis pies».

Mensaje dejado escrito en el ordenador por Jokin antes de lanzarse desde las murallas al vacío en Hondarribia (Guipúzcoa) el 21 de septiembre de 2004.

«Gracias por todo y no os preocupéis, ahora estaré mejor. No aguanto más, todo me sale mal».

A sus padres, de JOKIN

Hay mensajes que hablan de su sonrisa; otros, de su forma de ser; hay quien ha escrito que Jokin, nuestro hijo, era el más legal de la cuadrilla. No pasa un día sin que junto al lugar que él eligió para irse alguien deje una flor nueva, un mensaje recién escrito. Todos sin excepción hablan del mismo chaval sano y honesto que nosotros conocimos. Un muchacho que, lejos de vivir apartado del resto, se relacionaba con total normalidad. Hace dos años, en 2º de la ESO, fue elegido delegado de curso por sus propios compañeros (de la carta[22] al director de los padres de Jokin).

Al principio, nadie sabía lo que había ocurrido. Solo que Jokin no estaba en el instituto. Se había esfumado. Todo era muy raro. Pasaban las horas. Y la ausencia de noticias incrementaba la percepción de que algo malo había podido ocurrir. Por la tarde, llegó la peor noticia. A los pies de la muralla de Hondarribia aparecía el cuerpo sin vida de Jokin.

Un mensaje escrito en una libreta escolar y depositado junto a las flores el día del entierro decía: «Si alguien hubiera tenido el valor suficiente como para confesar todo lo que sabía, quizá no hubiera sucedido nada de esto. Sabemos que tú tampoco querías marchar, pero no había otra solución; lo sabemos».

Destaco en este capítulo la muerte por suicidio de Jokin no de manera arbitraria. Lo hago porque, independientemente de todo lo acontecido en torno a este fenómeno, lo ocurrido el día en cuestión abrió definitivamente la «caja de los truenos» sobre nuestra responsabilidad colectiva, ese sentimiento que denominamos con cierta frecuencia con la expresión «el fracaso de una sociedad».

Hace veintiún años aproximadamente que un chico de catorce años murió por suicidio en Hondarribia (Guipúzcoa). Se llamaba Jokin. Un chaval, casi un niño. «Libre, oh, libre. Mis ojos seguirán, aunque paren mis pies». Con estas palabras Jokin se despedía del mundo. Un mundo que, a sus catorce años, se había convertido en un infierno. Un infierno. Dante nos habló mucho de él. De la «pérdida de esperanza». De la ausencia de posibilidad u opción de escapar, de huir, de abandonar el dolor profundo que anega la vida y la hace irrespirable. Terminar ya con todo. Y explicar por qué.

Murió cuatro días antes de cumplir quince años, mientras sus padres, el director del centro y los padres de los presuntos acosadores se reunían para hablar. Jokin decidió ir en bicicleta hasta la muralla de la ciudad, y se arrojó al vacío desde lo alto de la misma.

La citada Sentencia[23] Penal n.º 178/2005, Audiencia Provincial de Gipuzkoa, Sección 1, Rec. 1009/2005 de 15 de Julio de 2005, da auténticos escalofríos. Por su relevancia y contundencia, reproduzco a continuación algunas de las consideraciones más turbadoras del Tribunal, que conviene leer y conocer:

Tal y como indica (el informe del médico psiquiatra) Jokin sufrió un trastorno disociativo que generó una reacción depresiva aguda que se manifestó en dos planos:

–Una significación del entorno vital en clave notoriamente pesimista, caracterizada por una reducción del campo de la vida consciente que impide considerar la realidad de otro modo; es lo que los expertos en ciencia de la conducta denominan «visión en túnel».

–Una pérdida del control sobre la propia vida, una sensación subjetiva de que se ha perdido el «asiento del conductor» desde el que se dirige la propia trayectoria vital; el mensaje que Jokin remite a una amiga el día 20 de septiembre (un día antes de su suicidio) es clarividente: «Adiós, reina mía, ya no pinto nada aquí, mi vida es una ruleta que da vueltas perdiendo el control...».

(El especialista en psiquiatría) reseña como origen de la quiebra del equilibrio psicológico de Jokin la secuencia de acontecimientos que padeció desde septiembre de 2003 a septiembre de 2004, sucesos, todos ellos, declarados probados en sede judicial. La conducta vejatoria a la que fue sometido Jokin afectó al entramado de prácticas de reconocimiento de las personas que le importaban, dado que conformaban el grupo de amigos en el que estaba integrado.

La confianza en uno mismo (autoestima, forma en la que una persona se valora a sí misma y lo que es capaz de hacer) es, en gran parte, una interiorización de la imagen positiva que los otros tienen de uno; por ello, la ridiculización y la vejación por parte del grupo del que se forma parte es un mensaje de invisibilidad e indiferencia que ubica al afectado en la nada subjetiva. Una persona puede sufrir un daño significativo si el grupo que le rodea le muestra, como reflejo, un cuadro limitado, degradante o despreciable de sí mismo. En palabras del psiquiatra: «Exclusión del grupo y denigración moral debieron tener sobre Jokin un efecto devastador, de pinza que estrecha su subjetividad, su sentimiento de la vida, y le impide utilizar sus recursos personales en el vínculo social». El desmoronamiento de los cimientos de la propia identidad (soy quien soy y me integro con quien me integro) produjo un efecto especialmente relevante en un joven incurso, dada su edad, en un proceso de conformación de la propia personalidad. La descripción del psiquiatra es taxativa: Jokin «[...] se identificó al lugar de resto que tenía en el lazo social, de objeto desechado, donde había sido ubicado por los otros» [...].

El desmoronamiento emocional de Jokin se detecta en sus palabras (el día 20 de septiembre de 2004 Jokin escribe: «Adiós, reina mía, ya no pinto nada aquí, mi vida es una ruleta que da vueltas perdiendo el control, cuando me marche, reina mía, no me olvidaré de ti». «Habrá que morirse para saber». «Me voy a tirar por la muralla a ver qué pasa después de morir, ya te visitaré si palmo». «Prefiero morir como un cobarde que vivir cobardemente»).

La muerte por suicidio de Jokin aquel fatídico 21 de septiembre de 2004 provocó una profunda convulsión social. La noticia (y la despedida por escrito del propio Jokin) conmovió a la sociedad en su conjunto y abrió el camino para la reflexión sobre el fenómeno y la concreción de propuestas e iniciativas que permitiesen abordar de manera definitiva un fenómeno suficientemente conocido, pero sensiblemente arrinconado.

Más allá de lo que dictamina el análisis clínico y forense que hemos podido leer, es imprescindible entender que esta «alteración clínica aguda» no es un simple diagnóstico: es el reflejo de una ruptura profunda en la capacidad de un chico de catorce años para sostenerse en el mundo.[24] El trastorno disociativo que se menciona y que sufrió Jokin no es un fenómeno abstracto, sino la manifestación de un sufrimiento tan desbordante que lo dejó sin herramientas, sin refugio, sin posibilidad de respuesta. La violencia que vivió no solo le quitó la alegría o la confianza: anuló su capacidad para imaginar opciones de salida o pedir ayuda. Cuando se alcanza ese punto de desgaste emocional, lo que se quiebra no es solo el ánimo, sino también la confianza más básica en que el entorno podrá efectivamente protegerle.

La importancia de los medios de comunicación

En todos estos años, los casos en los que, presuntamente, situaciones de acoso y maltrato entre pares han estado en la base de muertes por suicidio, no han sido pocas. Al menos, los medios de comunicación han señalado la relación directa entre ambas circunstancias en no pocas crónicas.

El predictivo *acoso escolar + suicidio* en cualquier buscador en internet o IA despliega titulares de toda consideración, si bien normalmente, en especial llamativos. Muchos de ellos anuncian reportajes que, en no pocas ocasiones, sustancian en su interior hipótesis y argumentos no siempre adecuadamente contrastados que podrían considerarse sensiblemente cuestionables si atendemos a las recomendaciones[25] que organizaciones internacionales y nacionales señalan como orientativas cuando se aborde cualquier tipo de noticia que afecte a las muertes por suicidio. Como, por ejemplo, las recomendaciones de:

- Organización Mundial de la Salud (2023). Prevención del suicidio: un recurso para profesionales de los medios de comunicación.
- Gobierno de España. Ministerio de Sanidad (2020): Recomendaciones para el tratamiento del suicidio por los medios de comunicación: Manual de apoyo para sus profesionales.
- Gobierno de España. Ministerio de Sanidad (2025). Decálogo de recomendaciones para profesionales en la comunicación responsable sobre el suicidio:

Evalúa la necesidad de publicarlo	No simplifiques las causa
Evita el sensacionalismo	Desmiente mitos y falsas creencias
Incluye recursos de ayuda (024, 112)	Sé prudente con la actualidad y las redes
Aporta datos y fuentes fiables	Ofrece un mensaje de esperanza
No reveles detalles del método ni del lugar	Fomenta la comunicación preventiva

Las relaciones entre el impacto psicológico que las situaciones de acoso y el espectro de la conducta suicida están documentadas. No obstante, en la base de cada muerte por suicidio confluyen elementos y factores que hacen de la tragedia un hecho terrible que debe tasarse adecuadamente a través de autopsias psicológicas adecuadamente practicadas por especialistas. Todo ello, por supuesto, sin perjuicio de la existencia, en su caso, de indicios y pruebas que pueden configurar un marco interpretativo inicial.

En cualquier caso, sin que pueda afirmarse que vivir experiencias de acoso entre pares como víctima «cause» de modo inexorable la conducta suicida, sí puede afirmarse que aumenta significativamente el riesgo, en especial en personas con otros factores de vulnerabilidad, como los trastornos de estado de ánimo, el aislamiento y la soledad no deseada o la falta de apoyo en el entorno familiar... El rol de los medios de comunicación debe tomar en consideración la necesidad de cuidar la responsabilidad ética informativa en la visibilización del problema, evitar los patrones sensacionalistas y cuidar siempre el contexto, siempre a los efectos de evitar conducir a conclusiones erróneas o no suficientemente contrastadas.

Así las cosas, a veces, desgraciadamente, tienen que concurrir determinadas circunstancias para que se disparen eso que denominamos «alarmas» y se empiece a construir una narrativa de compromiso en la búsqueda de respuestas. Hace veinte años se sintió en el alma colectiva que era necesario hacer, imprescindible moverse, orientar definitivamente, la mirada al corazón de un fenómeno espantoso aterrador, que viene deslizando su turbador perfil sin que hayamos sido suficientemente certeros en la captura y desarrollo de acciones definitivas.

Hace muy poco (octubre de 2025), otro suceso en Sevilla ha conmovido a la población. Sandra, catorce años. La noticia saltó a los medios inmediatamente. En el corazón del terrible episodio y a la luz de lo informado, cabe preguntarse si se han respetado las orientaciones dictadas en la cobertura mediática de estos trágicos acontecimientos. Un asunto este, siempre polémico, discutible y controvertido.

5.
La acción pautada y uniforme: la promoción de la convivencia y los protocolos de intervención contra el acoso escolar

«Ojo por ojo y todo el mundo acabará ciego».

MAHATMA GANDHI

Algunos pasos iniciales en la elaboración de protocolos de intervención

Motivada por el número muy notable de consultas y denuncias que recibía al respecto de presuntas situaciones de acoso escolar, la Institución del Defensor del Menor en la Comunidad de Madrid, en colaboración con la Consejería de Educación de la Comunidad de Madrid, se puso manos a la obra y elaboró en 2007 la propuesta de un protocolo de intervención en los centros educativos (págs. 98-183).

Una de las cuestiones más relevantes de este documento, a mi entender, supone la conceptualización del fenómeno desde la óptica del maltrato, matizando términos, como el del propio «acoso», que pueden resultar incluso «escasos» a la hora de valorar en toda su real y dramática dimensión. El documento, que también incorporaba marcos de actuación en situaciones maltrato infantil y de presencia de determinadas enfermedades de los alumnos, fue elaborado en colaboración con la administración educativa de la Comunidad de Madrid y profesionales de reconocido prestigio en los citados contenidos.

La irrupción de las denominadas nuevas tecnologías en la vida de nuestros niños y adolescentes representó un salto de vértigo cualitativo en el desarrollo y cristalización del fenómeno del maltrato entre iguales. Consciente de tal circunstancia, la Institución del Defensor del Menor en la Comunidad de Madrid (2011) elaboró la *Guía Ciberbullying: Guía de recursos para centros educativos en casos de ciberacoso*, al tiempo de la presentación del «Protocolo de actuación escolar ante el *ciberbullying* en el País Vasco» (EMICI, 2010).

El Estado y las administraciones educativas: normas, planes y protocolos

El Estado y las diferentes comunidades autónomas no tardaron en generar ordenamiento jurídico en relación con las responsabilidades de los centros educativos en materia de promoción de la convivencia pacífica y democrática y, poco a poco, de prevención y, especialmente, de intervención en posibles situaciones de ligadas a fenómeno conocido como «acoso escolar» y del ciberacoso (que en nuestro país no tardó en generar un nuevo e inquietante escenario a partir de los primeros años del siglo actual).

Así, el por aquel entonces denominado Ministerio de Educación y Ciencia, creó el Observatorio Estatal de la Convivencia Escolar en 2007, con funciones específicas de asesorar, en base al principio de cooperación territorial y colaboración institucional, sobre situaciones referidas al aprendizaje de la convivencia escolar, elaborar informes y estudios, hacer un seguimiento de la implantación del Plan Estratégico de Convivencia Escolar para la mejora de la convivencia en los centros educativos españoles, y proponer medidas que ayuden a elaborar las distintas políticas estatales; siempre desde el fomento de las actuaciones de promoción de la mejora del clima escolar, y la prevención del acoso escolar y de todas las formas de *ciberbullying*, así como de la violencia en los centros docentes.

Este organismo se reunió en plenario por última vez en enero de 2024 en la reunión del Pleno del Observatorio Estatal de la Convivencia Escolar, a los efectos de presentar una herramienta para la evaluación de la convivencia en los centros educativos. que facilitara, además, el desarrollo de medidas para mejorarla. El documento contenía una serie de indicadores que permiten analizar de manera eficaz la realidad de la convivencia en los centros educativos y sentar las bases para desarrollar acciones que la mejoren. En concreto, estos indicadores evalúan la calidad de la convivencia desde diversas perspectivas, las relaciones entre iguales, las relaciones entre el profesorado y el alumnado, entre las escuelas y familias y el contexto de la convivencia escolar.

De hecho, estos indicadores se emplearon como punto de partida del primer «Estudio estatal de la convivencia escolar en centros de Educación Primaria» del Ministerio de Educación en mayo de 2023. El informe presentado en el pleno del Observatorio Estatal de la Convivencia Escolar se elaboró con datos de más de 37.000 alumnos, docentes, familias, equipos directivos y de orientación. Entre las conclusiones más relevantes, destacaban las siguientes:

- El 9,53 % del alumnado de Primaria indica haber sufrido acoso y el 9,2 % ciberacoso.
- Ante una situación de *bullying*, el 30,91 % del alumnado avisa a un profesor, un 20,17 % a un familiar y un 14,8 % a un compañero.

Por su parte, todas las comunidades autónomas[26] sin excepción fueron configurando sus respectivos marcos normativos y de planificación en materia de promoción de la convivencia[27] y la prevención del acoso escolar, incardinando ordinariamente las medidas propuestas en ordenamiento jurídico de regulación de la convivencia en los centros educativos. Se hace referencia en general a procesos que comparten muchas referencias en cuanto a conceptualización y procedimientos a adoptar y en la formulación de planes y acciones de mejora a lo largo del tiempo.

Por último, es imprescindible citar por supuesto el ordenamiento jurídico más actual y relevante de naturaleza orgánica que señala de manera explícita las responsabilidades del sistema educativo en el abordaje del fenómeno en cuestión:

- Por un lado, la Ley Orgánica 3/2020, de 29 de diciembre, por la que se modifica la Ley Orgánica 2/2006, de 3 de mayo, de Educación.[28]

  La LOMLOE estableció en el artículo 124.5 que «Las Administraciones educativas regularán los protocolos de actuación frente a indicios de **acoso escolar, ciberacoso**, acoso sexual, violencia de género y cualquier otra manifestación de violencia, así como los requisitos y las funciones que debe desempeñar el coordinador o coordinadora de bienestar y protección, que debe designarse en todos los centros educativos independientemente de su titularidad».

- De otro lado, la Ley Orgánica 8/2021, de 4 de junio, de protección integral a la infancia y la adolescencia frente a la violencia.[29]

  La conocida Ley como «LOPIVI» establece en su artículo 1 que «la ley tiene por objeto garantizar los derechos fundamentales de los niños, niñas y adolescentes a su integridad física, psíquica, psicológica y moral frente a cualquier forma de violencia, asegurando el libre desarrollo de su personalidad y estableciendo medidas de protección integral, que incluyan la sensibilización, la prevención, la detección precoz, la protección y la reparación del daño en todos los ámbitos en los que se desarrolla su vida».

Entre las formas de violencia que señala el texto legal se encuentra, claro, el denominado acoso escolar y el ciberacoso.

Artículo 30. Principios.

El sistema educativo debe regirse por el respeto mutuo de todos los miembros de la comunidad educativa [...] y su participación en una escuela segura y libre de violencia.

Los niños, las niñas y los adolescentes en todas las etapas educativas e independientemente de la titularidad del centro, recibirán, de forma transversal, una educación que incluya su participación, el respeto a los demás, a su dignidad y sus derechos, especialmente de aquellos menores que sufran especial vulnerabilidad por su condición de discapacidad o de algún trastorno del neurodesarrollo, la igualdad de género, la diversidad familiar, la adquisición de habilidades para la elección de estilos de vida saludables [...] orientada al aprendizaje de la prevención y evitación de toda forma de violencia y discriminación, con el fin de ayudarles a reconocerla y reaccionar frente a la misma.

Artículo 34. Protocolos de actuación.

1. Las administraciones educativas regularán los protocolos de actuación contra el abuso y el maltrato, el acoso escolar,

ciberacoso, acoso sexual, violencia de género, violencia doméstica, suicidio y autolesión, así como cualquier otra manifestación de violencia comprendida en el ámbito de aplicación de esta ley. Para la redacción de estos protocolos se contará con la participación de niños, niñas y adolescentes, otras administraciones públicas, instituciones y profesionales de los diferentes sectores implicados en la prevención, detección precoz, protección y reparación de la violencia sobre niños, niñas y adolescentes.

2. [...] (Los protocolos) deberán contemplar actuaciones específicas cuando el acoso tenga como motivación la discapacidad, problemas graves del neurodesarrollo, problemas de salud mental, la edad, prejuicios racistas o por lugar de origen, la orientación sexual, la identidad o expresión de género. De igual modo, dichos protocolos deberán contemplar actuaciones específicas cuando el acoso se lleve a cabo a través de las nuevas tecnologías o dispositivos móviles y se haya menoscabado la intimidad, reputación o el derecho a la protección de datos personales de las personas menores de edad.

Otras perspectivas y acciones de relevancia

Las organizaciones ligadas a la defensa de los derechos de la infancia y la adolescencia han trabajado también de forma solvente en esta materia: por ejemplo, Save the Children, con su investigación en 2016 y materiales de apoyo generados en sus campañas «Yo a eso no juego», *bullying* y *ciberbu-*

llying en la infancia (Save the Children, 2016) y «Violencia viral» (Save the Children, 2019 b). También Unicef, con diferentes acciones, destacando una reciente (2024): la elaboración del material para padres *Guía para prevenir el acoso escolar, conecta con la realidad de tu hijo* (Unicef, 2024 b).

No faltan iniciativas que, con la mejor intención, pretenden acercar el fenómeno a la sociedad y sensibilizar sobre la necesidad de actuar bien y rápido. De interés por su repercusión y sostenibilidad, es la alianza creada entre la Fundación ANAR y la Fundación Mutua Madrileña a los efectos de investigar y situar la realidad del fenómeno ante todos los agentes.

Es imprescindible, asimismo, señalar las actuaciones del Ministerio del Interior con el plan director para la convivencia y mejora de la seguridad en los centros educativos y sus entornos, que viene desarrollándose sin solución de continuidad desde 2007 a través de las Delegaciones y de las Subdelegaciones del Gobierno en todo el territorio nacional.

Y en este repaso rápido de acciones orientadas a luchas contra el fenómeno del acoso escolar y del *ciberbullying* no pueden dejar de señalarse también los materiales, recomendaciones y/o iniciativas, claro, del colectivo de padres y madres a través de sus Federaciones y Confederaciones: tal es el caso de CEAPA, con su *Guía sobre acoso escolar* (2013) o la *Guía sobre Abuso de Internet y Ciberbullying* (2022), de CONCAPA o, a modo de ejemplo, de *Escuelas Católicas, con la Guía para actuar en caso de acoso escolar* (2017).

Asimismo, en 2016, el Estado puso en funcionamiento el nuevo teléfono contra el acoso escolar, el 900.018.018, un servicio de atención telefónica en casos de maltrato y acoso escolar, que se unía a las líneas de ayuda señaladas en el artículo 17 de la citada Ley Orgánica 8/2021, de 4 de junio, de protección integral a la infancia y la adolescencia frente a la violencia.

A lo largo de estos años no han sido escasas las propuestas de abordaje del maltrato entre iguales en contextos educativos. No obstante, es imprescindible señalar las iniciativas que asientan su desarrollo en la evidencia científica. Entre los programas más contrastados (citados en referencias), pueden citarse:

- El Programa TEI (Tutoría entre iguales).
- El Programa de Prevención de Bullying de Olweus (OBPP).
- El Proyecto KiVa.
- El Programa CONRED Andalucía para la Prevención del Acoso Escolar y el Ciberacoso en Entornos Educativos.
- Ciberprogram (2.0). Programa de intervención para prevenir y reducir el *ciberbullying* (Garaigordobil y Martínez).

En cualquier caso, la necesidad de intervenir desde la evidencia científica es imprescindible. La National Association of School Phsycology[30] (NASP) ha realizado un ambicioso trabajo de revisión de las prácticas más eficaces y eficientes (señaladas en referencias). ¿Qué estrategias son más eficaces para la prevención del acoso escolar? La asociación subraya que, en lugar de implementar programas aislados de prevención del acoso escolar, se debe adoptar un enfoque integral dentro de la escuela para combatir las conductas de acoso. Este enfoque, centrado en un marco socioecológico, es que el que cuenta con mayor respaldo científico. En la publicación de la citada asociación profesional, los expertos señalan que las revisiones sistemáticas sobre la eficacia de los programas de prevención del acoso escolar muestran resultados contradictorios, incluso dañinos en algunos casos. Por este motivo, en lugar de centrarse en aplicar un «programa» de prevención, las escuelas deben abordar la prevención del acoso escolar de manera integral dentro de un marco socioecológico.

En síntesis, podríamos indicar que, a lo largo de estos últimos veinte años, se han hecho muchas cosas. Todas bienintencionadas, se entiende. Algunas improvisadas, otras rigurosamente planificadas; algunas intuitivas; otras, inmersas en proyectos sujetos a la evidencia científica. Algunas han priorizado la acción reactiva ante el fenómeno que es objeto de análisis; otras, sin embargo, han querido sustanciar la intervención de naturaleza preventiva y, a más a más, la promoción del buen trato y los entornos seguros como paradigmas esenciales en la lucha contra el maltrato entre iguales. Se ha buscado, incluso, la acción combinada y compartida por diferentes organizaciones, agencias e instituciones... Pasados veintiún años desde la muerte por suicidio de Jokin, la inacción de las administraciones y demás sistemas, organizaciones y agentes concernidos en la defensa de los derechos de la infancia y de la adolescencia, no ha sido precisamente ni mucho menos el problema.

Tal vez se hayan puesto en escena demasiados modelos, planes y programas; seguramente, sin la constatación de su eficiencia según la investigación. Algunos de ellos, modulados por la idea de la sensibilización como referente básico de la construcción y ejercicio de valores prosociales; y no siempre con buenos resultados (Lucas-Molina, Pérez-Albéniz y Fonseca-Pedrero, 2022). En ocasiones, se han repetido intervenciones sin la planificación, el consenso y evaluación precisos, generando una inercia que ha ahondado en posiciones de rutina sin excesivo *feedback* sobre impacto y resultados.

Por citar una web genérica de referencia sobre planes y programas, la base de datos y planes del Ministerio de Educación, Formación Profesional y Deportes[31] aporta información de un buen número de propuestas generadas en el conjunto del Estado, si bien, tal vez, debería actualizarse con más regularidad. Pueden encontrarse referencias de mucho interés en la página institucional del Consejo Escolar del Estado,[32] y, por supuesto, en las web de los Consejos Escolares Autonómicos.[33]

Las acciones han ido dejando su sello y huella. Muchas de ellas con efectos buscados y razonablemente conseguidos. Poco que objetar al compromiso inherente a cada propuesta, a cada plan, a cada proyecto para llegar, para penetrar, para ahondar en la adecuada respuesta.

Pero no todo ha salido como esperábamos. En ocasiones encontramos obstáculos donde pensábamos visualizar vías de salida a derivadas del fenómeno que seguían inquietándonos por resistentes y virulentas. En todo caso, la promoción de la convivencia pacífica ha estado inmersa de modo esencial en el corazón de los planes.

6.
Algunos efectos indeseados y perspectivas para la mejora

«El perdón es un gesto a fondo perdido».

JAVIER URRA

La promoción de la convivencia ética y democrática es ya un contenido histórico en nuestro sistema educativo. Esta no es una cuestión baladí, ni mucho menos. Y debe ser adecuadamente valorada. Tiene más de un cuarto de siglo de historia. Muy reciente, por tanto. Y de gran repercusión en la elaboración de los proyectos educativos y en la vida de los mismos centros. Negar esta evidencia representaría un error imperdonable y una señalada injusticia con lo realizado.

La lucha contra el acoso escolar devino con posterioridad, fácilmente articulable en la filosofía de las iniciativas citadas para promover la convivencia pacífica, si bien con un marchamo de corpus propio teniendo en consideración las noticias sobre muertes por suicidio presuntamente asociadas a situaciones de acoso escolar y su profundo impacto social.[34] El resultado, la definición, diseño y configuración de protocolos de intervención en situaciones de acoso escolar en todo el Estado.

No obstante, a pesar del despliegue de planes, procesos, medidas y acciones, las cosas no parecen estar del todo bien. Las cifras y las denuncias parecen mostrar que no acabamos de encontrar las claves para contener las muy diversas ramificaciones del fenómeno y dejan entrever espacios oscuros, derivadas expansivas y ruines que no hemos sabido detectar a tiempo y, consiguientemente, detener.

En ocasiones, la ausencia de respuestas; en otras, la lentitud en las acciones, o, incluso, la escasa convicción en la efectividad de las intervenciones. En otros casos, la dificultad para encontrar salidas razonablemente consensuadas en todos los actores y protagonistas, incluidos, claro, las familias y sus muy diferentes, y, en algunos casos controvertidas, formas de interpretar los hechos y, sobre todo, las consecuencias de estos. Y, por supuesto, hablaremos sobre ello más adelante, la permanencia del silencio y el miedo como tejidos vivos en los que crecen y maduran la maldad y crueldad de algunos actores; y el dolor y sufrimiento de otros; callado, secreto, sordo.

No siempre bastan las buenas intenciones en el diseño e implementación de las acciones a desarrollar. A veces se tropieza en la improvisación, en la acción concreta, en el modo en que se leen y entienden las situaciones y cómo se adoptan determinadas decisiones. A veces, también y todavía, no llega a creerse que estas cosas realmente deban considerarse una prioridad; y que dejan sus heridas, hondas, desgarradoras, lacerantes.

En ocasiones, parece que el plan será suficiente, y que la hoja de ruta trazada llegará segura y eficiente a los resbaladizos resquicios de cada situación a abordar. No siempre es así, desgraciadamente. A veces acabamos siendo testigos de historias que abonan la teoría misma del *caos*[35] y la dirección que adopta una línea programada en contextos complejos, con multiplicidad de variables. No siempre se puede garantizar la precisión de las predicciones; una pequeña variación en el estado original es capaz de provocar numerosos cambios y efectos no previstos y, en algunos casos, contraproducentes. Pequeñas variaciones en las condiciones iniciales (detalles relacionados con el contexto, los actores principales, posibles antecedentes o la incredulidad implícita en la efectividad de las propuestas) pueden implicar grandes diferencias en el comportamiento futuro, imposibilitando la predicción a largo plazo.

A continuación, se detallan algunas de las variables más relevantes que, a juicio de quien suscribe, deben ser objeto de reflexión a la luz de la experiencia vivida y la naturaleza de los resultados y efectos, algunos no deseados, que las medidas implementadas en la gestión del fenómeno del acoso entre iguales han evidenciado. A la luz de este análisis, se incluyen, asimismo, posibles líneas de reconsideración y mejora en los procesos de respuesta a las muy diferentes situaciones que pueden vivirse en un centro educativo en circunstancias compatibles con el acoso y maltrato entre iguales.[36]

En la causa encontramos la solución: empezar por reconocer su origen e impacto

> «La más alta expresión de la inteligencia es la bondad».
>
> Luis Castellanos[37]

> «El poder es la esencia de todo gobierno, pero la violencia lo corrompe y lo destruye».
>
> Hannah Arendt

La lucha contra el acoso entre iguales no es cualquier cosa. Ni mucho menos. Representa la acción contra la violencia, contra los violentos. Contra las actitudes y acciones que, desde la soberbia, la jerarquía y el desprecio al otro, vulneran, atentan contra lo más sagrado de las personas, degradando de manera inmedible y dramática su dignidad e integridad moral, psicológica y/o física. Es la lucha contra el menosprecio, la afrenta, el agravio, la burla, la humillación, la ofensa, el insulto, la injuria, la vejación. Contra, sin duda, una forma irrebatible de maldad.[38]

La lucha contra el acoso entre iguales es, también, la búsqueda de la mirada clara y bondadosa, de la ayuda incondicional, de los vínculos y la pertenencia; de la escucha y el abrazo, de la defensa del débil y caído, de la valentía por «hacer valer» los derechos inalienables de aquellos con los que compartimos el camino, la incertidumbre, los resbalones, las dudas, los miedos, las ilusiones, la confianza, la esperanza... Y el crecimiento.

Todo lo que consigamos será aún el principio de un trayecto largo, intenso y profundo. Reducir el dolor, reconducir la convivencia a través del buen trato. Se trata de acertar con el diagnóstico y la acción, promover el buen trato, prevenir el ejercicio de la violencia. Arrinconar las intervenciones que no han dado adecuado resultado y dar los pasos precisos para encarar las intervenciones que ya sabemos que funcionan, y procesar en tiempo y forma su planificación e implementación.

El histórico de acciones (y visiones) es profuso y extenso. Desde muy diferentes ángulos y contextos de interpretación. Se han acumulado los datos, las investigaciones y los planes de intervención. A lo largo de todos los años que son objeto de enmarcado en este texto, no faltan las miradas y las siempre bienintencionadas lecturas de las respuestas a adoptar.

No obstante, no parece que hayamos encontrado aún la fórmula, el enfoque adecuado. Las costuras de las iniciativas desarrolladas se rompen con facilidad, presionadas por un sinfín de fuerzas centrífugas que el propio fenómeno genera en su cada vez más diversificada y execrable identidad.

Una idea esencial, a mi entender, tiene que ver con la necesidad de enfocar adecuadamente el germen de esta lacra, por qué surge y se extiende... Y se mantiene. Y, creo, hemos enfocado desde el principio regular. Las escuelas no son un caldo de cultivo de maltratadores. Ni mucho menos. Más bien, todo lo contrario. Gran parte de las conductas que se detectan en los espacios escolares, y los virtuales que los hacen virales a golpe de clic, obedecen a formas de entender las relaciones entre iguales que no se «enseñan» específicamente en las aulas, sino que, con todo lujo de detalles, vienen incorporadas desde el «afuera», en una inquietante manera de interpretar las claves el *ser y estar con los otros*.

Todo ello, por supuesto, en un contexto, el escolar, en el que deben asentarse, con responsabilidad, principios esenciales de acción preventiva y de regulación que permitan saber ver y mirar, explicar, modelar, mediar; también «corregir», en todas sus acepciones: *subsanar, reformar, modificar, reparar o perfeccionar*. Y, también, claro, de promoción de valores esenciales como el respeto, el cuidado, la solidaridad, tolerancia, justicia, honestidad...

La revisión del concepto y su reconsideración sistémica

El concepto del denominado «acoso escolar» debería ser revisado. Tal vez llegamos tarde, pero optar, como se hizo en nuestro país, por la denominación de *acoso escolar* (mala traducción del término *bullying*) para referirnos a un fenómeno estructural y sistémico de nuestro modelo social, que sobreviene desde el corazón mismo de una auténtica enfermedad social, ha nublado la necesidad de enfocar las respuestas con miradas integrales y no exclusivamente ligadas a la acción e intervención de las escuelas y del profesorado. Interpretar el espacio de convivencia en los centros educativos como único y responsable «patógeno» en el desarrollo del fenómeno nos ha hecho, estimo, obviar y soslayar otras perspectivas de respuesta a su crecimiento y evolución.

Siendo incuestionable el papel de las escuelas en la prevención e intervención en este tipo de violencia, circunscribirlo a ella como singular responsable sin más es perder de vista la referencia y sustrato social del fenómeno y, como pasa en ocasiones, utilizar el «chivo expiatorio» como *lavado de manos* de otras responsabilidades. Entre ellas, por supuesto, las relacionadas con la función de ser padres y las inherentes a un modelo social que muestra la intolerancia, la confrontación, la soberbia, la impertinencia y la aniquilación del respeto como *statu quo* visible, persistente.

Desde el Observatorio Estatal de la Convivencia Escolar del Ministerio de Educación, Formación Profesional y Deportes, en su informe de 2024 sobre el estado del sistema educativo del curso 2022-23 (págs. 185-190), se defiende que para erradicar el acoso escolar en los centros y construir el clima de convivencia adecuado la responsabilidad ha de ser asumida y compartida por toda la comunidad educativa. Docentes, familias, alumnos, autoridades educativas y toda la sociedad en su conjunto han de asumir el fenómeno como propio y adoptar medidas no solo correctivas, sino también y, sobre todo, medidas preventivas.

El fenómeno del maltrato entre iguales o compañeros (acoso escolar) representa una auténtica enfermedad social. Muy ligada a los modelos de trato que dominan el escenario de la conducta del ser humano en sus relaciones interpersonales. ya se ha dicho, sumergidos en un mundo en el que no faltan, por supuesto, las buenas intenciones y el interés explícito por habilitar propuestas basadas en el respeto a la dignidad del «otro» con quien comparto y convivo, pero habitualmente embarrado y escorado al abrigo de posiciones basadas en el poder y la jerarquía (cueste lo que cueste), la polarización y la mirada egoísta. Niños y adolescentes entran y comparten en las escuelas valores que «portan» ya en sus mochilas: valores, actitudes, rutinas y modos de leer e interpretar la realidad y el papel de los demás de sus vidas (Magisterio, 2021).

Y, claro, también de relacionarse y de tomar en consideración (o no) a quienes comparten con ellos el espacio en el que viven (con) los compañeros que les tocan en suerte (Luengo, 2025).

El acoso entre iguales es un fenómeno que mora en la escuela. Pocas dudas al respecto. Pero, sin dejar de considerar el papel de las escuelas y de los docentes, especialmente en los procesos de detección e intervención temprana en las situaciones objeto de referencia, y, por supuesto, en las iniciativas de prevención de las mismas, es imprescindible señalar que los efectos de cierto modelo social, asentado en patrones de jerarquía y liderazgo excluyentes, y de actitudes parentales basadas en la sobreprotección y la dificultad para atesorar perspectivas (Bautista, Fregoso, Vera y Pérez, 2022) diferentes a la propia (e individualista), en el análisis y valoración de cualquier tipo de conflicto, han representado un obstáculo significativo en el abordaje y gestión del fenómeno en todas sus variantes, que no son pocas.

Llamar a las cosas por su nombre es, con toda seguridad, el eslabón esencial a partir del que construir una mirada cierta de la realidad que se estudia y, consiguientemente, diversificar adecuadamente las medidas que deben adoptarse. Sin perjuicio de otras acciones colaterales, muchas veces residuales y poco significativas, concluir un proceso de resolución de una presunta situación de acoso dando casi exclusiva relevancia a los aspectos directamente ligados a la justicia punitiva y retributiva (pagar la deuda contraída por la comisión de los hechos con un castigo proporcional y rápido) escarba escasamente en el tejido del problema, y difícilmente será, a medio, incluso corto plazo, entendido como una respuesta eficiente en contexto de elevada volatilidad emocional como sin duda son los entornos escolares.

Entendamos que las responsabilidades están repartidas y afinaremos más y mejor en las acciones a desarrollar.

Las edades del acoso

En los últimos diez o quince años hemos asistido a un fenómeno que no deja de ser un síntoma de que algo estamos haciendo mal en la educación (en sentido amplio y sistémico) de nuestros niños y adolescentes.

Siguen reportándose casos de maltrato entre iguales (acoso escolar) en alumnos de más de catorce años, por supuesto; no obstante, el *escalado*[39] *hacia abajo* que se ha evidenciado debe preocuparnos mucho. No son infrecuentes ya desde hace tiempo la gestión de situaciones ubicadas en cursos que escolarizan a alumnos de 6º, 5º e incluso 4º de Educación Primaria. Si bien, lo que parece ser un hecho es que es en los cursos de 5º y 6º de Educación Primaria[40] y 1º y 2º de Educación Secundaria Obligatoria donde parecen reportarse más casos. Algunos ejemplos, a modo de ilustración: Euskadi[41] (curso 2022-23), Castilla y León[42] (2022-23), Comunidad de Madrid[43] (2022-23 y 2023-24), Andalucía[44] (2025), Comunidad Valenciana[45] (2023) conjunto del Estado[46] (2017).

Así, como dato ilustrativo y ejemplo,[47] de acuerdo con el estudio periódico realizado a nivel de la Comunidad Autónoma de Euskadi, en 2018 el 20,2 % del alumnado de Educación Primaria y un 16,2 % del alumnado de Educación Secundaria afirmaba haber sufrido a menudo algún tipo de maltrato entre iguales en la escuela. Asimismo, un 10,8 % del alumnado de Primaria y un 10,5 % del alumnado de Secundaria manifestaba haber sufrido *ciberbullying* por parte de sus iguales durante el año anterior a la consulta (siempre, a menudo o a veces) y la incidencia severa (siempre o a menudo) de este tipo de maltrato afectaba a un 2,8 % y un 2,4 % respectivamente.

Índice general de maltrato y *ciberbullying* general y severo por etapas educativas. Porcentaje en Euskadi

	Acoso entre iguales en la escuela	Ciberacoso	Ciberacoso severo
Educación Primaria	20,2 %	10,8 %	2,8 %
Educación Secundaria	16,2 %	10,5 %	2,4 %

Gobierno vasco, 2022. Estrategia Vasca contra la violencia hacia la infancia y la adolescencia[48] 2022-2025, pág. 35. Fuente: ISEI-IVEI, «El maltrato entre iguales 2018».

¿Qué está pasando? ¿A qué obedece este incremento de la incidencia de este tipo de conductas a edades cada vez más tempranas? ¿Qué estamos haciendo mal? ¿Qué hemos pasado por alto? ¿No lo hemos visto venir? No podemos ni debemos transferir toda la responsabilidad a los chicos mismos. La tienen, claro, especialmente a partir de edades en las que nadie puede dudar que son plenamente conscientes, no ya de lo que hacen, sino de por qué siguen haciéndolo y qué consecuencias tiene.

Parece un hecho suficientemente tomado en consideración desde hace años que la edad de inicio de la adolescencia, con todos sus «ingredientes» de cambios físicos, psicológicos y sociales significativos, incluyendo la pubertad, la búsqueda de identidad, y la influencia de grupos de iguales, parece estar «adelantándose» a edades en las que hasta hace relativamente poco podíamos hablar de niñez sin reservas o dudas. Entre otras cuestiones, niños y niñas pueden estar expuestos a información y mensajes que los inducen a una madurez temprana, como la influencia de las redes sociales, la publicidad y los contenidos generados por «creadores» de contenido en aplicaciones y redes, con la deriva hacia determinados estereotipos sociales.

Para el Observatorio de la infancia y de la adolescencia de Andalucía, fenómenos como la sexualización, con su *Guía para madres y padres sobre la hipersexualización de niñas y niños* (2022) sobre la infancia están muy reconocidos desde hace más de diez años (Observatorio de la imagen de las mujeres, 2020), con importante repercusión en la vida de nuestros niños y nuestras niñas:

Tanto en la promoción de productos dirigidos a la infancia como en algunos dirigidos a personas adultas, y ya sea de una forma más explícita o sugerido de forma sutil, las niñas pueden ser sexualizadas de diversas maneras en los anuncios, como se puede ver a través de los casos incluidos en este documento: presentando a las menores vestidas, maquilladas y/o con poses y actitudes de mujeres mayores; caracterizando a modelos jóvenes como preadolescentes sugerentes; recurriendo, como fetiche sexual, a la representación de adultas como colegialas; con los disfraces infantiles con connotaciones eróticas, o con la oferta de juguetes y actividades de ocio que constituyen un aprendizaje de roles y estereotipos para la cosificación.

Una cuestión de especial relevancia en relación a las *edades del acoso* tiene que ver con la propia conceptualización del fenómeno y la edad o edades a partir de las cuales podríamos hablar realmente de conductas propias del mismo. En el texto ya citado sobre el *Acoso escolar y la convivencia en los centros educativos* (págs. 54-60), se da cuenta de argumentos basados en la literatura científica sobre la necesidad de considerar las capacidades volitiva y cognitiva a la hora de tasar (o no) determinadas conductas entre iguales como acoso escolar (maltrato infantil). ¿A partir de qué edad «podemos hablar» de acoso entre iguales?

Dependerá, por ejemplo, entre otras variables, de dos elementales: de la edad (no puede ser lo mismo hablar de los cuatro años que de los siete, por ejemplo), y, claro, de las características personales de los protagonistas (no todos los niños y niñas maduran al mismo tiempo o de la misma forma); y, probablemente también, de ciertas influencias del entorno familiar y de los valores que forman parte de su incipiente estructura de personalidad.

La Real Academia Española define por «volitivo» la voluntad o facultad de decidir y ordenar la propia conducta. Por lo tanto, aparece vinculada al libre albedrío y a la libre determinación. Parece razonable vincular estas capacidades con el juicio y la capacidad de obrar con libertad y conocimiento, tanto para hacer el bien como para obrar mal.

Juicio, libre elección, conocimiento, responsabilidad, libertad para hacer o no hacer... Sinceramente, no creo que los niños y niñas en las edades a las que nos estamos refiriendo gocen de esa capacidad que, sin embargo, todos vamos adquiriendo poco a poco, gracias a la propia evolución y maduración cognitiva, a nuestra capacidad para adaptarnos e interactuar con el contexto en que nos desenvolvemos, a las posibilidades crecientes de interpretación de lo que ocurre a nuestro alrededor y de nuestra influencia en ello... ¿Podemos realmente pensar que en esos tramos de edad puede hallarse el sesgo de maldad que anida en la acción reiterada de humillación, hostigamiento, desprecio y agresión de uno o varios chicos o chicas hacia un compañero de clase o del colegio al que asisten, o hacia un simple conocido? ¿Existe en esas edades la capacidad volitiva suficiente para trazar un plan malicioso y cruel, llevarlo a la práctica con reiteración y, de modo especialmente sangrante, insistir y machacar a la víctima hasta su más absoluta indefensión y desamparo? ¿Está presente en estas edades, asimismo, la capacidad cognitiva expresa y suficiente para urdir, ejecutar y mantener este tipo de implacables planes?

Poco a poco, según maduramos, vamos consiguiendo capturar la esencia de lo que pasa y nos pasa, de lo que ocurre y les ocurre a aquellos con los que convivimos e interactuamos. Poco a poco somos, cada vez, más conscientes de nuestros actos, así como de sus consecuencias e impactos. Y, por tanto, vamos creciendo y siendo más maduros. Adquiriendo el juicio que nos hace reconocer la parte ética y moral de los comportamientos y acciones que ejecutamos. Y de las que somos, de una manera u otra, protagonistas.

Al final de este proceso, tal vez lo importante no solo sea definir la situación en el contexto «acoso sí» versus «acoso no», sino tomar decisiones. Observar, mirar, hablar. Evitar los careos, ser prudente. Analizar el grupo, valorar fuerzas, debilidades, resistencias. E intervenir en el modo en que se trazan y desarrollan las relaciones interpersonales. Esa es una labor fundamental, singularmente en estas etapas, de los centros educativos. De los equipos directivos. De los tutores y equipos docentes. Apelar a la confianza de los padres también es imprescindible.

La edad importa, y mucho. Las cifras han escarbado notablemente hacia abajo en los últimos años y conductas de acoso impensables para chicos de seis, siete u ocho años parecen ser hoy una auténtica realidad. Pero la edad importa.

Es imprescindible tomar en consideración que no siempre es comparable la conducta contraria a la convivencia de adolescentes o preadolescentes, en forma de acoso entre iguales, con aquellas en las que pueden verse implicados chicos entre los seis y los ocho años. Sin perjuicio del daño emocional que, en algunos casos, niños de esta edad puedan ocasionar a compañeros, parece necesario reflexionar sobre las características de estas a los efectos de tasar de la manera más adecuada el ajuste, la adaptación y la proporcionalidad de las medidas a desarrollar.

Las cifras del fenómeno: ¿son todos los que están? La hipótesis del iceberg

Sobre las cifras que pretenden delimitar el impacto del fenómeno en la población infanto-adolescente y que se ofrecen con mucha frecuencia en medios de comunicación a resultas de las investigaciones *ad hoc*, tendríamos que acotar un marco interpretativo común de los resultados que se publican.

La prevalencia estimada en los estudios, nacionales e internacionales, que miden el fenómeno con herramientas basadas en condición *autopercibida*[49] (preguntar esencialmente por cómo se siente la persona que es consultada), aportan unos datos que se alejan tan significativamente de la incidencia (número de casos nuevos) que cada curso escolar es notificada a los departamentos responsables de las administraciones educativas desde los centros en todas las comunidades autónomas, que resulta imposible calibrar a qué porcentaje de población, presuntamente en riesgo de sufrir acoso según datos de prevalencia, se está atendiendo realmente con las acciones protocolizadas prescritas.

Dicho de otro modo, las cifras no cuadran, o no suelen cuadrar: la incidencia reportada dista mucho de ajustarse a lo que la investigación basada en la autopercepción suele mostrar (y que marca una referencia básica de prevalencia del fenómeno). Vamos a ahondar en esta circunstancia.

O este tipo de investigaciones fallan en sus resultados y conclusiones, o el silencio epidémico (no contar, no decir, no visibilizar...), que sabemos que efectivamente existe en la sombra de esta lacra, es mucho más impactante de lo podríamos incluso poder llegar a pensar.

Por poner un ejemplo, como luego se detalla más concretamente, en España, según datos de INE (2025) hay en torno a 6.000.000 de niños y adolescentes entre los siete y los diecisiete años. Si utilizamos los datos aportados por el Informe PISA (2023),[50] la media porcentual del presunto acoso escolar en nuestro país se sitúa en torno al 6,5 %. Con las cifras totales señaladas, este dato informaría de una incidencia estimada de acoso entre iguales en números absolutos cercana a los 390.000 niños y adolescentes de la franja etaria citada. Si analizamos los datos de incidencia documentada de las diferentes comunidades autónomas, es muy difícil encontrar un territorio que notifique más de doscientos casos nuevos cada curso escolar. En nuestro país tenemos diecisiete comunidades autónomas y dos ciudades autónomas. Si desarrollamos los cálculos, muy inflados, al utilizar la cifra de doscientos resoluciones favorables (positivo en acoso), no llegaríamos a los 10.000 casos.[51] ¿Dónde están el resto de las posibles víctimas según los estudios de prevalencia citados? ¿Están todos los que son? Parece que la respuesta es negativa.

No resulta sencillo atinar en la auténtica dimensión cuantitativa del acoso entre iguales. Las constantes noticias[52] sobre la prevalencia del fenómeno según estudios nacionales e internacionales no dejan a nadie indiferente. En ocasiones, con el detalle de unas cifras que marcan un listón muy preocupante.

Diferentes instrumentos y métodos de medida, diferentes códigos de interpretación, diferentes lenguajes... Y así, cierta «locura» de cifras. Algunos ejemplos:

- El ya citado Informe PISA 2022 (2023) da una referencia desagregada por países, y, en lo que atañe a España, también por territorios. De gran interés:

Porcentaje de alumnos por comunidades autónomas y ciudades autónomas que se consideran frecuentemente acosados

La Rioja	4,1	Castilla-La Mancha	5,5	Cantabria	6,0	Galicia	8,5
Castilla y León	4,2	Extremadura	5,7	R. Murcia	6,1	Cataluña	8,6
Com. de Madrid	5,0	Asturias	5,8	Andalucía	6,1	Canarias	10,2
Navarra	5,2	Com. Valenciana	5,9	Aragón	6,2	Ceuta	10,7
País Vasco	5,5	Islas Baleares	5,9	**España**	**6,5**	Melilla	12,6

Informe PISA 2022 del «Acoso escolar», pág. 139 (2023).

El Informe PISA pregunta al alumnado sobre sus experiencias con comportamientos relacionados con el acoso en el centro educativo y mide los tres tipos distintos de acoso: físico, relacional y verbal. PISA 2023 ha combinado las respuestas a estos nueve enunciados para identificar al alumnado que se ha sentido víctima de cualquier tipo de acoso. En relación con otros países, los que presentan un menor porcentaje de estudiantes frecuentemente acosados son Corea (1,1 %) y Japón (3,7 %), por debajo del 5 % de alumnado frecuentemente acosado, frente a aquellos con un mayor porcentaje de estudiantes que son Chipre (14,1 %) y Australia (14,1 %), por encima del 14 %. España (6,5 %) se encuentra dentro del conjunto de países con un porcentaje menor de estudiantes frecuentemente acosados, con 1,8 puntos porcentuales por debajo del Promedio de la OCDE (8,3 %).

• La Universidad Complutense de Madrid y la Fundación Cola-Cao presentaron en 2023 el Estudio sobre acoso escolar y el ciberacoso en España en la infancia y la adolescencia. La investigación, una de las más completas hasta la fecha en nuestro país con una muestra de casi 21.000 estudiantes de las 17 comunidades autónomas, refleja que desde 4º de Primaria hasta 4º de Secundaria hay un 6,2 % de los estudiantes que se reconocen como víctimas de acoso escolar. Las conclusiones del estudio detallan asimismo que una de cada tres víctimas de *bullying* afirma no contárselo a nadie: el miedo y no querer preocupar a sus familiares, los dos motivos principales y que la relación del *bullying* y el suicidio es muy alarmante: en el caso del acoso escolar, el 20,4 % de las víctimas y el 16,8 % de los acosadores declaran haber intentado quitarse la vida alguna vez. En el caso del ciberacoso, este dato es del 21,1 % de las víctimas y del 24,9 % de los acosadores.

- El Ministerio de Educación, Formación Profesional y Deportes publica sus informes[53] (por curso escolar, no anuales) aportando información sobre las llamadas y atención telefónica prestada sobre situaciones de acoso escolar. A título de ejemplo, el informe correspondiente al curso 2022-23 (el último publicado cuando escribo estas líneas) daba cuenta de 3.408 consultas desde septiembre de 2022 a agosto de 2023. En el informe del curso anterior, la cifra total de expedientes de posibles casos de acoso reflejada era de 2.296. En ambos casos estamos haciendo referencia a llamadas telefónicas o consultas sobre posibles situaciones de acoso entre iguales. Por tanto, no debemos significar estos datos como indicadores de incidencia del fenómeno.

- Si analizamos los datos de la Memoria de la Fiscalía General del Estado correspondientes al año 2024,[54] se informa que la Fiscalía detectó 1.196 casos de *bullying* en 2024, señalando que el abuso de pantallas tiene especial incidencia en el acoso. Los datos de la Memoria ponen de manifiesto respecto a los menores[55] de edad que «la respuesta que como sociedad seamos capaces de dar en el presente a niños, niñas y mayores migrantes será el juicio que de todos nosotros hará el futuro» y que «la dignidad del ser humano y el superior interés del menor son valores constitucionales que nos definen como sociedad democrática». Del mismo modo, la Unidad de Menores de la Fiscalía ha mostrado su preocupación por el incremento y auge de conductas realizadas por menores de edad cada vez más violentas. En especial, por el aumento de infracciones de violencia intrafamiliar, de lesiones en general, de delitos contra la libertad sexual y del creciente abuso o mal uso de las tecnologías de la información y la comunicación, con especial incidencia en el campo del acoso escolar».

- Según las conclusiones del VII Informe[56] «La opinión de los estudiantes», elaborado conjuntamente por las Fundaciones Mutua Madrileña y ANAR (2025), que ha contado con el testimonio de 8.781 alumnos y 355 profesores, en el último curso escolar han crecido los casos de *ciberbullying* y el uso de la inteligencia artificial (IA) para llevarlos a cabo. Por otro lado, la IA ya se utiliza en el 14,2 % de las situaciones de ciberacoso entre escolares, más por chicos (60 %) que por ellas (40 %).

- El estudio[57] «Impacto de la tecnología en la adolescencia. Relaciones, riesgos y oportunidades» de Márquez, J. M., Andrade, B., Guadix, I., Suarez, F., Rodríguez, F. J. y Rial, A. (págs. 26-29, 2025) nos aporta asimismo unas cifras altamente preocupantes en prevalencia de acoso y ciberacoso. Según el informe, al preguntar directamente al alumnado, el 2,5 % refiere estar sufriendo acoso escolar en la actualidad y el 23,2 % haberlo sufrido en algún momento. Si se utiliza un instrumento específico, la prevalencia de victimización escolar asciende al 25 %, siendo similar entre chicas (24 %) y chicos (25,6 %). Y, en relación a la cibervictimización,[58] cuando se pregunta de forma directa tan solo el 1,5 % del alumnado refiere estar sufriendo ciberacoso en la actualidad y el 10,2 % haberlo sufrido en algún momento. Cuando se evalúa con un instrumento específico, la prevalencia de cibervictimización se sitúa en el 8,3 %.

¿De qué estamos hablando?, o, mejor, ¿de *cuánto* hablamos? ¿De qué dimensión cuantitativa estamos hablando? ¿Cuál es la prevalencia real de este fenómeno? ¿Cuántos niños y adolescentes se ven realmente afectados por esta dramática realidad? Disponer de una estimación fiable de las cifras del fenómeno representa una de las piedras angulares en la configuración de planes de respuesta bien orientados. Desde el principio. Los números de trazo grueso pueden servir para sustanciar titulares de prensa o argumentos interpretativos de naturaleza especulativa, pero se muestran no solo ineficaces, sino claramente contraproducentes en la definición y detalle de las respuestas y medidas a adoptar.

A pesar del paso de los años, seguimos con un «lío de cifras» (prevalencia/incidencia) que, evidentemente no nos ayuda a tasar cuantitativamente el fenómeno y lastra y dificulta la implementación de mejoras y de respuestas eficientes.

Parece necesario reflexionar sobre todos estos elementos, al menos desde el punto de vista técnico, independientemente del posible uso de la información en medios de comunicación. Porque no vale todo. Manejar este fenómeno a golpe de titular de prensa es un peligro, más que un riesgo. ¿Son todos los que están? Creo que sí. ¿Están todos los que son? Seguro que no.

¿Por qué se da esta disonancia tan significativa? ¿Fallan los estudios basados en la autopercepción en su estructura investigadora?

¿Es más un problema, conocido hace unos años sobradamente, de las reticencias de algunos centros a reconocer (y notificar) que en sus instalaciones pueda estar dándose este fenómeno? ¿Puede estar relacionada esta situación con la duda de muchos niños y niñas a comunicar su situación por miedo a que «el remedio sea peor que la enfermedad»? ¿O es el silencio un auténtico «silencio contumaz y epidémico» (de víctimas y también de observadores) el que reduce casi hasta el ridículo la notificación (y, por tanto, la cuantificación) de este tipo de experiencias de vida y relación interpersonal anómalas? (Infocop, 2024).

O tomamos conciencia de la magnitud, real no solo cualitativa, sino cuantitativa del fenómeno o no será posible afrontar con criterios de eficiencia la adecuada respuesta al mismo. Las cifras «oficiales» de impacto en forma de incidencia quedan muy lejos de la realidad y, consecuentemente, de acertar en las acciones.

Los protocolos contra el acoso escolar

Los protocolos fueron una necesidad. Imperiosa. Regular, pautar y uniformar actuaciones. Y hacerlo de una manera ordenada y rigurosa, con las cautelas imprescindibles y la reserva o «sigilo» que son preceptivos en este tipo de procesos. Y conocer, indagar, bucear entre los complejos caminos por los que discurren las relaciones en la infancia y la adolescencia. En un contexto social, el presente, pero también el que empezamos a vivir hace una generación aproximadamente, en un mundo señaladamente escorado por la disminución de referentes tradicionales y el acceso a modelos de relación interpersonal en el que el contexto digital se abrió camino como «elefante en cacharrería». Pero los protocolos, con sus matices y diferencias según territorios, han sido protagonistas significativos en el proceso de búsqueda de respuestas para gestionar el fenómeno del acoso.

Los protocolos contra el acoso escolar están operativos (desde hace quince años aproximadamente) y se sitúan en el centro de la acción esencial, y así son considerados. En el contexto actual de debate sobre la lucha contra el acoso escolar, el señalamiento del modo en que se desarrollan y resuelven estos procesos está en el ojo del huracán. Y muchos niños se han beneficiado de su implementación. Pero han surgido efectos indeseados de notable repercusión en su desarrollo.

Sin perjuicio del desarrollo de otras iniciativas orientadas a la prevención del maltrato entre compañeros en sus diferentes formas, las respuestas adoptadas por los centros educativos a las situaciones de presunto acoso entre iguales han venido marcadas con demasiada frecuencia por la reacción (en forma de activación del protocolo sin más reflexión y en no pocos casos), «defensiva» a los requerimientos de padres de atender y resolver de inmediato aquellas situaciones en las que se ven inmersas sus hijos como presuntas víctimas. El dibujo de muchas acciones posteriores ha traído como consecuencia un elenco de conflictos, enfrentamientos y grietas en la convivencia con mayúsculas, implicando a alumnos y, claro, también a padres de unos y otros. Esta derivada podrá ser más o menos señalada en la literatura científica (poco, creo), pero cobra una notable relevancia en la experiencia empírica, con efectos marcadamente perjudiciales en el clima de convivencia de los centros que la viven (y sufren).

La generación ya señalada anteriormente de materiales, guías y programas enfocados a la prevención del fenómeno es incuestionable. Sin embargo, las respuestas al fenómeno (no todas, por supuesto, pero sí muy demandadas) han venido fundamentándose de modo prioritario en la apertura de facto de un protocolo contra el acoso escolar y, llegado el caso (resolución confirmatoria de acoso escolar) de la necesidad de «reprochar» disciplinariamente a quienes ejercen este tipo de violencia.

Es decir, hablando claro, la investigación sobre los hechos y la, en su caso, visibilidad de la respuesta disciplinaria, ordinariamente en modo de justicia retributiva o punitiva, ha representado un espacio no pequeño en la configuración de cómo responder a la conducta de los victimarios. Todo ello, claro, después de acreditar y documentar que efectivamente la situación en concreto suponía un acto de acoso escolar. Se trata, entre otras cosas, de acabar señalando la acción y a sus responsables. Y, por muchas acciones que se desarrollen para enfocar las situaciones desde la discreción más básica, *las noticias vuelan*. Y con ellas, los posicionamientos contrapuestos y enfrentados, los efectos no deseados, las réplicas y las contrarréplicas.

> En el marco educativo, ante cualquier indicio de acoso escolar se ha de poner en funcionamiento el correspondiente protocolo para constatar o rechazar esos indicios. A veces el acoso queda constatado, otras veces, se descarta una situación de acoso, bien porque no queda suficientemente probado, bien porque se trata de situaciones aisladas que no llegan a la envergadura de «acoso» como situación que se mantiene a lo largo del tiempo. Es capital intervenir porque, además, como se ha visto a través de las numerosas sentencias citadas, ha habido casos en los que los tribunales han considerado que los centros no han dado la importancia a determinados hechos cuando estos eran síntomas de una posible situación de acoso escolar (Tamayo, 2021).

Las situaciones que conforman semejante proceso se vienen constatando en todas las etapas educativas, destacando, incluso, sorprendentemente, la solicitud de apertura de protocolos (en pequeño número, es verdad) contra el acoso escolar en la etapa de Educación Infantil.[59]

Son, no obstante, las etapas de Educación Primaria y Secundaria donde vienen acomodándose los registros de este tipo de conductas. En algunos casos, en niños y niñas menores de catorce años (consecuentemente, no imputables penalmente según lo establecido en la Ley Orgánica 5/2000,[60] de 12 de enero, reguladora de la responsabilidad penal de los menores). En otros casos, con la conocida coloquialmente como «la edad penal», en el tuétano de las deliberaciones, en chicos y chicas «imputables» como autores de presuntos hechos delictivos. Las diferencias en la consideración e impacto de este tipo de situaciones están con frecuencia muy relacionada con el límite de edad citado.

Aunque no existe un delito específico de «acoso escolar» en nuestro Código Penal, las conductas que lo conforman pueden encuadrarse en otros delitos como el trato degradante (art. 173.1 CP) o, en función de la gravedad, en otros delitos como lesiones, amenazas, coacciones, injurias, calumnias, agresiones sexuales...

Por su parte, el conocido *ciberbullying*, anteriormente ya definido como «la intimidación psicológica u hostigamiento que se produce entre pares mantenida en el tiempo y cometida con cierta regularidad, utilizando como medio las tecnologías de la información y comunicación», puede claramente generar permeabilidad con conductas delictivas en buen número de supuestos (INCIBE[61]) como algunos de los anteriormente citados y otros definidos como el delito de descubrimiento y revelación de secretos, delitos contra la libertad y la identidad sexual, la usurpación de la identidad... Entre los comportamientos más habituales:

Los insultos en chats, aplicaciones, redes sociales; el hostigamiento: envío de mensajes ofensivos reiterados; la denigración: difusión pública de información despectiva y falsa sobre una persona y/o la creación y difusión de fotografías alteradas digitalmente; la revelación de información o imágenes de otras personas que nunca habrían pensado en hacer pública dicha información o imágenes; la difusión de rumores (*gossip*[62]); la suplantación de identidad: hacerse pasar por la víctima para enviar mensajes de contenidos negativos, crueles o fuera de lugar a otras personas, o cambiar el perfil de la víctima en las redes sociales, o crear uno con su identidad; la difusión de grabaciones de imágenes indignas, de agresiones reales realizadas sobre otro...

En cualquier caso, según Save the Children, podemos hablar de «violencia *online*» (2019). En este contexto y, sin perjuicio de las «bondades» uso eficiente del progreso tecnológico en numerosos ámbitos de la vida de las personas, con los riesgos añadidos que la inteligencia artificial generativa[63] que últimamente venimos conociendo como una «diminuta punta de iceberg» de lo que realmente ya hay y vendrá...

De especial preocupación resulta el acoso en línea y la violencia de género en la era de la inteligencia artificial generativa.

El advenimiento de la IA generativa trae consigo nuevas preguntas inexploradas: ¿cuáles son las políticas de las empresas y las normas culturales que perpetúan el daño y la violencia de género facilitados por la tecnología? ¿Cómo pueden las tecnologías basadas en la IA promover los discursos de odio y el acoso basados en el género? ¿Qué formas de explotación de vulnerabilidades en la IA pueden llevar a la desinformación, discursos de odio, acoso, y ataques con enfoque de género? ¿Qué medidas pueden tomar las empresas, gobiernos, organizaciones de la sociedad civil, y equipos de investigación independientes para anticipar y mitigar estos riesgos?

«De todas formas, tu opinión no importa» es la respuesta que dio un *chatbot* de IA generativa cuando se evaluó la solidez de sus mecanismos de seguridad, que supuestamente debían evitar la violencia de género facilitada por la tecnología. Es uno de los experimentos realizados para este informe, con el objetivo de anticipar el impacto de la IA generativa en la seguridad de las mujeres y las niñas en este nuevo entorno. Los resultados revelan que hay varias formas en las que los actores maliciosos pueden hacer daño, y que los daños por razón de género debidos al uso indebido de la inteligencia artificial generativa son significativos.

De gran interés resulta el informe «De todas formas, tu opinión no importa». La violencia de género facilitada por la tecnología en la era de la IA generativa (Unesco,[64] 2024 c).

Las nuevas formas de ciberacoso utilizando la IA generativa están alcanzando una penetración virulencia[65] prácticamente imposible de gestionar y controlar. Entre las más significativas, podemos identificar, por ejemplo, los *deepfakes* y la manipulación y creación de vídeos e imágenes falsas, la suplantación de identidad mediante herramientas que imitan voces o estilos de escritura, y la utilización de *bots* que pueden generar vejaciones, insultos y ofensas personalizados de manera automatizada en las redes sociales. A principios de 2026, hay significativamente más máquinas conectadas a internet que personas. Y nos encontramos en un momento en el que se debate seriamente la limitación de la edad para el acceso autónomo a redes sociales por parte de los adolescentes.[66]

En un contexto como el que se ha configurado en torno a tratamiento y gestión, en entornos escolares reglados, de comportamientos tasados como faltas muy graves contra la convivencia y, a su vez, presuntas conductas delictivas perpetradas por menores de edad hacia iguales con el objetivo intencionado y explícito, mantenido en el tiempo y ejercido desde una supuesta «autoridad jerárquica», el señalamiento de los actores (en el discurso de apertura y gestión de protocolos contra el acoso y expedientes disciplinarios subsiguientes) en un tejido vivo, de muy alta sensibilidad como es sin duda una comunidad educativa, ha generado impactos de denuncias y contradenuncias (por hacer, pero también por no hacer) y réplicas y contrarréplicas en los que se ven involucrados con cierta frecuencia los diferentes agentes del sistema y centros educativos.

Parece evidente que tasar una determinada conducta no como un problema (aunque grave) de convivencia, sino también como un posible y presunto delito[67] representa un contexto complejo, enrevesado y no infrecuentemente conflictivo, propio, simbólicamente hablando, de lo que podríamos interpretar que supondría la apertura de una contemporánea «caja de Pandora».

En todo caso, algunas certezas sobre la implementación de los protocolos señalan en direcciones que no dejan en el mejor lugar su «puesta en escena». Entre otras cosas:

- Los protocolos son necesarios. Permiten la homogeneización de los pasos y procedimientos a desarrollar a los efectos de activar acciones de detección e intervención en situaciones de acoso entre compañeros, y de protección, cuidado y apoyo a las víctimas y actuación, asimismo, con los victimarios y compañeros. *Y han permitido la gestión y adecuada respuesta en muchos casos.*

- No obstante, han generado una percepción y experiencia de excesiva y compleja burocratización entre equipos directivos y docentes en general. *También en las familias.*

- Se han activado y funcionan, en muchos casos, como un mecanismo de reacción (sin duda, debidos a la presión a la que los equipos directivos desde diferentes instancias se ven sometidos en ocasiones), y no de respuesta razonada, medida y proporcionada.

  Dificultan la individualización de las situaciones; por ejemplo, en función de la edad, el contexto social y cultural, las características personales de los implicados y su situación familiar...

- Son «incómodos» y complejos para los docentes del proceso de búsqueda y recogida de información y evidencias sobre las situaciones y los hechos que son notificados.

La falta de habilidades y también de competencia para desarrollar estas tareas surge con más frecuencia de la deseada como elemento de «confrontación» y/o rechazo con la responsabilidad que se asigna.

- Han venido mostrando una discreta eficiencia en la constatación de los hechos sobre los que se indaga. Las reticencias en el contexto a validar y ratificar situaciones de posible acoso a algún compañero por los testigos u observadores hacen realmente complejo concluir con evidencias o testimonios; con todo lo que supone de *desgaste* esta circunstancia.

Una «tiranía del silencio» de naturaleza epidémica obra en negativo sensiblemente en esta tarea.

- Están siendo notablemente ineficaces en la detección de situaciones de especial consideración y/o vulnerabilidad.

Entre otras, aunque no solo, como la LGTBIfobia[68] (Unesco, 2024 a); FELGTBI+, 2024, págs. 36-49) y el rechazo a las personas con discapacidad (Luengo y Domínguez, 2015; CERMI, 2017; Lobato, 2019) o con altas capacidades[69] (González-Cabrera et al., 2019).

- La diferencia, muy significativa, entre la prevalencia de este tipo de maltrato entre iguales estimada en gran número de investigaciones y la incidencia informada en los territorios según los datos de protocolos formalmente activados en informados a las administraciones es muy difícil de explicar.

Preocupa especialmente esta diferencia tomando en consideración que, según los datos de prevalencia estima-

da, podrían estar dejándose sin atender un porcentaje notable de casos. Sobre las posibles causas de esta situación habría que desarrollar un proceso serio de reflexión. En el corazón de esta, la epidemia y tiranía del silencio.

- El miedo a represalias por parte de los agresores limita la disposición de algunos niños para denunciar, lo que coincide con los hallazgos de Buelga-Vázquez *et al.* (2022).

  Estos autores señalan que las víctimas y testigos de acoso escolar a menudo afrontan barreras emocionales y sociales para reportar incidentes, lo que perpetúa el problema y genera un impacto negativo en la salud mental de los afectados (Proyecto EMO-Child, 2025).

- En ocasiones, los protocolos se terminan «activando», tardíamente, tras cierto grado de infravaloración de hechos que se producen (y son informados por los padres inicialmente) y que no despliegan acciones tempranas para la gestión de estos.

  Y, así las cosas, el protocolo puede emerger tarde e ineficiente en las respuestas a adoptar con posterioridad.

- Una vez que se ha podido constatar, confirmar y documentar la evidencia de una situación de acoso escolar y se han planificado medidas de carácter general y otras de naturaleza sancionadora (con los victimarios), es necesario considerar que el desarrollo de intervenciones específicas con víctimas y, sobre todo, con los victimarios es escaso en la práctica cotidiana.[70]

  No siempre es suficiente la sanción al victimario y cierta atención y cuidado a las víctimas en los centros educati-

vos. Parece imprescindible la activación, en su caso, de recursos de intervención profesional (salud mental) para víctimas y victimarios, adecuadamente coordinados con los centros educativos.

- La convivencia entre iguales en los centros educativos pasa por momentos en los que no nos es extraña cierta «ceguera ética» para con el daño que determinadas actitudes, insultos, exclusiones y «costumbres» (que se han banalizado como «normalizadas» e «institucionalizadas» en las relaciones ordinarias) provoca en los compañeros que las sufren.

  Semejante contexto nubla en no pocas ocasiones los límites entre conductas y provoca muchas dudas en los procesos de gestión de procedimientos.

- En general, los padres de los chicos cuyas conductas son objeto de indagación y valoración como presuntos agresores o victimarios no están «ayudando» a que las actuaciones se desarrollen con las cautelas, acciones y colaboración que se entienden imprescindibles.

  Esta circunstancia (la confrontación por y en el inicio de los procedimientos y la no poco frecuente escasa empatía con los daños que las conductas de sus hijos pueden estar provocando en los compañeros afectados) es especialmente preocupante cuando hay que comunicar la resolución (favorable a situación tasada de acoso escolar) y plantear los pasos subsiguientes.

- Sin perjuicio de la necesaria acción ligada al reproche disciplinario, el papel de las prácticas restaurativas

(Subdirección General de Cooperación Territorial e Innovación Educativa:[71] justicia restaurativa versus retributiva o punitiva) ha tenido escaso peso específico en la gestión del fenómeno y con la participación de observadores y otros agentes; de modo especial, cuando se detecta el problema tempranamente.[72]

Las prácticas restaurativas han probado su eficiencia con intervenciones tempranas en situaciones conflictivas (posible germen y sustrato de experiencias de acoso).

• Representando, sin duda, un marco de intervención ajustado a la gestión de conflictos entre iguales en la escuela, la mediación[73] escolar no es el contexto procedimental adecuado para dar respuesta a situaciones de acoso escolar grave.

La experiencia muestra que, al igual que las prácticas restaurativas, la mediación puede ser una clave en la prevención e intervención en situaciones de conflicto, especialmente en las fases iniciales de los mismos. Las situaciones de acoso escolar grave pueden beneficiarse de algunos de sus fundamentos en procesos posteriores a la resolución de los procesos de aclaración de hechos y sus consecuencias, y, en todo caso, ligados a la instauración y, en su caso, restauración de relaciones de respeto, tolerancia y consideración del otro.

• Sería conveniente realizar actualizaciones de los protocolos autonómicos, avanzando hacia enfoques proactivos que contemplen medidas de naturaleza educativa y restauradora, en detrimento, exclusivamente, de un enfoque más reactivo, con medidas de carácter mayormente punitivo (García-Martínez, García Zabaleta, 2024).

La respuesta no debería pasar solo, que también, por una cierta desburocratización, sino por la contemplación de procesos de mayor autonomía de los centros para responder de manera diferenciada a situaciones asimismo diferentes, según las muy relevantes variables que este tipo de experiencias muestra y despliega.

• Es imprescindible evaluar la eficacia, eficiencia y ajuste a las necesidades emergentes de los protocolos de intervención, así como de los programas de sensibilización, prevención y detección de las conductas asociadas al fenómeno.

Es muy difícil que los planes sean realmente eficientes si no desarrollamos procesos de evaluación ad hoc *sistemáticos, tasados y públicos.*

La respuesta es siempre compleja. Pocas dudas al respecto. Y la uniformización de los procedimientos previene de los riesgos de responder de manera arbitraria y gratuita. No obstante, debo insistir, las situaciones que se gestionan presentan una dispersión de naturaleza, configuración, edades implicadas, protagonistas y momento en el que se inicia la intervención, que parecería razonable cierto margen de flexibilidad y ajuste en los pasos a desarrollar.

La judicialización de y en la vida de los centros

> «La solución al acoso escolar no viene desde la mano de la sanción o el paso del menor por el proceso penal, sino, más bien, desde la educación y la prevención».
>
> Magistrada Concepción Rodríguez
> González del Real

En semejante contexto, la judicialización de la vida de los centros educativos motivada por esta suerte de situaciones puede considerarse un hecho desde hace años. Con la consiguiente merma de «credibilidad» en la eficiencia y pertinencia de determinados procesos, razonablemente diseñados y orientados inicialmente a conocer el tenor de posibles situaciones e iniciar acciones para dar su efectiva respuesta. «¿Qué ha pasado o está pasando?», «¿Cuáles son las características y naturaleza de la situación?», «¿Qué hemos de hacer?»

Y, claro, la judicialización de cualquier proceso ligado a la resolución de situaciones susceptibles de ser consideradas y tipificadas como «acoso escolar» ha anidado de manera intensa, haciendo en ocasiones muy compleja la resolución eficiente y estable de las mismas en la vida de las escuelas, y no es este un asunto que vaya a detener su evolución con facilidad.

La responsabilidad penal es inevitable en el caso de que los hechos cometidos constituyan un delito penal, debiendo entonces recurrir a la naturaleza legal sancionadora para exigir la responsabilidad jurídica consecuente, pero, como se ha destacado en repetidas ocasiones a lo largo del texto, primando el interés superior del menor, a través del carácter educativo/reparador de las medidas adoptadas. En todo caso, ante delitos menos graves y ante conductas mediadoras como la conciliación o reparación del daño causado, se podrá optar por el desistimiento en la incoación del correspondiente expediente por parte de Fiscalía. Todo ello para limitar siempre al máximo los efectos negativos y estigmatizantes que implican las actuaciones judiciales (Tamayo Lorenzo, 2021).

El número de operadores jurídicos[74] que han venido «especializándose» y ofreciéndose a particulares y asociaciones[75] creadas en torno a la defensa de los derechos de los niños y adolescentes que sufren o pueden estar sufriendo acoso entre iguales en sus centros educativos, no ha hecho sino incrementarse de manera notoria en los últimos años, al abrigo del importante número de demandas que tanto el sistema público como el privado han venido siendo presentadas en su contra: Para la Asociación Española contra el Acoso Escolar «las asociaciones contra el acoso escolar definen el protocolo contra los casos de acoso determinado para los centros educativos como el apéndice de un fraude institucionalizado y que se ha convertido —de facto— en una herramienta de protección para los colegios» (2024).

A modo de ejemplo, y por citar datos incluso antiguos, en el año 2013 se publicaba una noticia en la prensa con el siguiente titular:[76] «Al menos cuarenta colegios han sido juzgados ya en España por obviar casos de acoso escolar». La situación en la actualidad es muy tozuda: un aumento[77] exponencial de procesos abiertos y resueltos por nuestro sistema judicial en materia de tratamiento (o no) del denominado acoso escolar:

> Ocho años después de que la sociedad despertara de golpe al problema social del acoso escolar —con el salto de la muralla de Hondarribia (Guipúzcoa) de Jokin Ceberio, un chaval de catorce años que no aguantó más las afrentas, burlas y agresiones de sus compañeros de clase— este grave asunto llega cada vez con más frecuencia a los juzgados. «La litigiosidad en el acoso escolar avanza al ritmo que crece la sensibilidad social», explica un abogado madrileño cuyo teléfono no deja de sonar estos días. Al otro lado de la línea, padres muy preocupados con el sufrimiento de sus hijos, que se sienten machacados por sus compañeros de clase.

Existe ya una nutrida jurisprudencia[78] sobre acoso escolar que señala de manera explícita el crecimiento del citado proceso de judicialización citado con anterioridad. Y existen, también, iniciativas que marcan el sello de «lo penal» como emergente esencial en el abordaje y gestión de estas situaciones. Alguna de ellas de singular repercusión, si se concretase su aplicación:

¿Compliance[79] contra el acoso escolar? Juristas proponen en el ICAM su aplicación en los colegios como herramienta preventiva. En la noticia se señala textualmente:

El magistrado recordó que «en cuatro sentencias de la Sala hemos introducido el concepto de maldad humana también para los menores. El acoso escolar se perpetra en grupo, precisamente para intimidar más al menor». Según datos de la Unesco (obtenidos tras un estudio en 144 países entre 2001 y 2017) uno de cada tres estudiantes sufre *bullying*. «Los padres, impotentes, no saben a quién acudir. Hay que trabajar en la prevención para que no vuelva a pasar. Tenemos muchos expertos en *compliance* en España que podrían implementar esos programas de cumplimiento en los centros escolares», concluyó. En su opinión, es fundamental concienciar a la administración pública y a todos los tipos de centros escolares de que «esto es una obligación, porque subyace la responsabilidad penal de la persona jurídica en estos temas por no contar con un programa de cumplimiento normativo. Además, es una cuestión de humanidad: al centro escolar se va para aprender, no para ser acosado. Para aprender en valores y en igualdad. El acoso genera desigualdad. Se ataca a los niños por ser diferentes».

Y una «penúltima» aproximación a esta mirada en el diario *La Razón*: «Ilustres juristas piden condenas[80] a los centros por el acoso escolar» (2025):

Porque hasta octubre de 2022 los colegios no tenían responsabilidad penal de conformidad con la legislación penal. Esta es la situación que hay que revertir, pero por la dinámica propia de la responsabilidad penal, porque solo pueden dictarse condenas por hechos acontecidos, investigados y enjuiciados con posterioridad a la entrada en vigor de la ley, los casos tardan tiempo en llegar a los tribunales. Si a ello se le añade que esta reforma ha pasado bastante desapercibida y que en muchas ocasiones los padres prefieren cambiar a su hijo de colegio para olvidarse del calvario que sufren sus hijos acosados, las cifras de denuncias contra colegios son bajas. Por eso hay que denunciar, denunciar y denunciar. Solo así se revertirá la situación.

La judicialización de los procesos en los contextos de vida y convivencia en los centros educativos no es, en general, una buena noticia. Y cuando se evidencia, ha traído consecuencias muy poco edificantes; entre otras, dramáticos enfrentamientos entre progenitores, entre padres y profesores, entre padres y equipos directivos. También, a veces, entre grupos de alumnos. Y entre padres y alumnos... Generándose dinámicas y clima muchas veces irrespirables.

No es sencillo encontrar una solución equilibrada a una «consecuencia» de esta naturaleza, que, entre otras cosas, emana de un principio esencial e incontestable: los centros deben constituirse como entornos seguros para sus alumnos. La cuestión pasa, no obstante, por entender que *judicializar*, de manera prioritaria, procesos de resolución de conflictos y acoso escolar entre alumnos en los entornos escolares, genera, en ocasiones, impactos en los que la medida acaba representando un evidente obstáculo al desarrollo de contextos de convivencia pacífica y democrática. Más un problema que una solución.

Diseñar y marcar una hoja de ruta para dar respuesta a este tipo de situaciones, es decir, activar protocolos de intervención tasados, parece necesario y oportuno. En cualquier caso, el creciente proceso de judicialización de causas en las que la consideración de «presuntos» delitos (y de sus consecuencias legales) ha descompuesto y desconfigurado las opciones razonables de gestión (y resolución) de las situaciones conocidas y objeto de gestión que podrían ser esperables. Problemas así, ligados a inquietantes desórdenes en las relaciones interpersonales y conductas gravemente contrarias a la convivencia han traspasado las líneas rojas de la acción en el marco educativo, dibujando un norte de interpretación e intervención muy complejo en el contexto de vida y relación de un centro educativo.

La judicialización de la discrepancia, la disconformidad, el desacuerdo y el conflicto no es en absoluto una buena noticia. Pero va a más. Y cuanto más frecuentemente emerge, con más frecuencia se acaba reaccionando, y no respondiendo (con la consiguiente pérdida de enfoque y perspectiva). Pero este es un asunto que no parece que tenga mucha solución. Parece que la deriva ya es muy intensa.

En cualquier caso, todo lo que suponga alejarse de la gestión esencialmente educativa de las conductas contrarias a la convivencia (incluida la violencia y el propio acoso entre iguales), más alejados estaremos de generar opciones que permitan prevenir y, por supuesto, restaurar y reparar los daños infligidos a las víctimas y atender asimismo las necesidades de los victimarios. Existe, es cierto, un marco de interpretación del abordaje del acoso entre iguales que viene a contraindicar propuestas de intervención como, por ejemplo, la mediación o las prácticas restaurativas.

No obstante, según INTEF[81] parece necesario reflexionar en la posibilidad de profundizar en la incorporación de acciones que permitan, bien en los inicios de una situación sobrevenida, bien al final de los procesos incursos en la resolución de los protocolos y de procedimientos disciplinarios, la reparación del daño (Aula en abierto), la restauración y la solicitud de perdón. Al menos, debería entenderse la necesidad de analizar cada situación, con la valoración de todas sus variables, siempre a los efectos de considerar esta opción. Con anterioridad nos hemos referido a la necesidad de incorporar el perdón como uno de los elementos, cuando menos, a considerar. La necesidad de profundizar en la responsabilidad de los actos es imprescindible. El reproche disciplinario no siempre es suficiente.

Porque no todas las situaciones son idénticas. Más bien al contrario, cada una es *un mundo* en su desarrollo. Es necesario y conveniente homogeneizar las acciones, los pasos a dar, claro. Hacerlo aporta la garantía de seguir un marco prescriptivo reconocible. Hemos de desarrollar adecuadamente la secuencia marcada y los procesos tasados. Pero, esto podría no bastar. La experiencia nos viene mostrando que el modo en que se han seguido las instrucciones de uso de estos procedimientos no siempre ha representado el desarrollo de un marco seguro.

El papel de los padres: una revisión imprescindible de principios, valores, modelo y actitudes

Para Horno y Romeo el papel de los padres representa una variable esencial (2017) en el proceso de gestión y, en su caso, resolución favorable de los daños que se producen en el contexto de las posibles situaciones de acoso entre iguales. Empezando, por supuesto, desde la prevención y detección de los diferentes comportamientos que entran «en juego» en el fenómeno: las ignominiosas conductas de planificación, ejecución y apoyo, soporte, sostenimiento social y difusión de las acciones pensadas para socavar la dignidad de las víctimas por parte de victimarios y otros participantes, incluido el ya citado «silencio» de muchos de los observadores, y, por supuesto, de los impactos psicológicos y/o físicos de las víctimas afectadas.

Ante el fenómeno del acoso, las familias desempeñan un papel clave en tres niveles:

1. La prevención de cualquier forma de violencia entre niños, niñas y adolescentes. El papel de las familias como agente de prevención es clave en el fenómeno del acoso escolar. Pero para poder afrontar ese rol preventivo de una forma eficaz es necesario que las familias puedan plantearse que sus hijos.

1.1. Pueden ser víctimas de alguna forma de violencia.

1.2. Pueden ejercer violencia sobre otros niños, niñas o adolescentes.

1.3. Pueden estar siendo testigos de formas de violencia ejercidas por otros niños, niñas y adolescentes en un grupo al que ellos pertenecen o en espacios de relación que comparten con ellos.

2. La detección de cualquier forma de violencia entre niños, niñas y adolescentes, en especial de la que sus hijos puedan estar viviendo como víctimas o ejerciendo como agresores o agresoras.

3. La erradicación de cualquier forma de violencia entre niños, niñas y adolescentes que esté sucediendo en los espacios de relación donde conviven sus hijos. Las familias tienen un papel esencial cuando se detecte un caso de acoso escolar para su erradicación temprana y la recuperación del daño vivido no solo por la víctima sino por todo el grupo donde el acoso ha tenido lugar.

Ya hemos señalado anteriormente que las federaciones y asociaciones de padres y madres han querido profundizar en este fenómeno (guías de consulta, acciones formativas, participación en consejos escolares, comisiones de convivencia...) y en las claves para la adecuada respuesta de las familias. Sin embargo, en todo el espacio de tiempo recorrido estos últimos veinte años no parece que los resultados hayan sido especialmente «exitosos» en la gestión favorable del fenómeno.

La experiencia viene mostrando perfiles de respuesta no infrecuentes y habitualmente reportados por los equipos directivos en los procesos de averiguación (y toma de decisiones) de hechos y situaciones concretas que se han desarrollado y en los que he tenido la oportunidad de intervenir: algunos de los ejemplos más significativos de distorsión y anomalía en los procesos se pueden caracterizar en torno a:

- La dificultad de muchos progenitores de encontrar su colaboración en cualquier momento del proceso prescriptivo cuando sus hijos, en el momento de activarse un protocolo, son formalmente señalados como posibles protagonistas de acciones que presuntamente han generado daños contra la dignidad de compañeros de manera intencional, repetida y sustentados por cierta forma de jerarquía y superioridad.

  Debe considerarse que el citado señalamiento de un alumno como presunto autor de acciones que pueden ser, incluso, tasadas como conductas de naturaleza delictiva por las instancias judiciales, puede suponer en la práctica un impacto emocional notable en los padres y abrir de facto una dificultad sensible para habilitar vías de cooperación eficientes en la gestión y resolución pacífica de los conflictos que se suscitan (se van a suscitar) desde el momento en que se toma la decisión de activar los protocolos de intervención contra el acoso escolar. Dicho de una manera más clara: no es fácil aceptar que tu hijo pueda ser tachado de "presunto delincuente"».

- La negativa de padres a que se entreviste a sus hijos sobre los que existe la sospecha de posible participación como victimarios en una posible situación de acoso entre iguales.

  Tal circunstancia, que no es infrecuente y dificulta sensiblemente la indagación sobre los hechos, no debería ser interpretada como indicio de que las acciones que se pretenden analizar han ocurrido efectivamente; no obstante, podría estar vulnerándose uno de los deberes de los padres ordinariamente incorporado en los decretos que regulan la convivencia en los centros educativos: el de conocer y respetar y hacer respetar las normas establecidas por los centros docentes, el proyecto educativo, así como respetar y hacer respetar la autoridad y las orientaciones del profesorado en el ejercicio de sus competencias.

- El rechazo explícito a aceptar como válidas y ajustadas a la verdad y norma las resoluciones de los centros educativos, señalando y documentando de forma definitiva, inequívoca e irrefutable a sus hijos como actores de conductas de acoso entre iguales.

  En el desarrollo de cualquiera de las dos situaciones señaladas, no es infrecuente la solicitud, por parte de estos padres, de que se active la apertura de protocolos citando a sus propios hijos como víctimas de acoso, bien señalando a las víctimas (presuntas o reconocidas) como los victimarios.

- Con notables diferencias según variables relacionadas, por ejemplo, con la edad de los alumnos implicados, la gravedad inicial o la posible condición de flagrante de los hechos que son objeto de análisis y valoración en los centros educativos, no es infrecuente que el clima de convivencia en los grupos-aula (y de las familias concernidas) que son, asimismo, objeto de observación y estudio, se vea sensible y negativamente afectado.

Todo ello, incluso, en condiciones que, al menos teóricamente, deberían ser abordadas desde la discreción, prudencia y reserva.

• El enfrentamiento expreso y ostensible de los padres/familias implicadas en las situaciones citadas, con la consiguiente repercusión en los procesos de relación interpersonal y de convivencia de sus hijos en la actividad diaria en el centro.

Como derivada de la situación anterior descrita, la posible creación de subgrupos de alianzas y enfrentamientos entre los compañeros del grupo-aula al que pertenecen los chicos implicados.

• La exigencia (y frecuente inflexibilidad en la demanda) de los padres de las víctimas, una vez resueltos los procedimientos prescriptivos (incluidos los procedimientos disciplinarios que la normativa determina), para que se sancione «ejemplarmente» a los victimarios, señalando incluso el tipo de medida correctora que, estiman, el centro debería aplicar; ordinariamente la expulsión del centro de los infractores, sin contemplar la posible toma en consideración de posibles circunstancias atenuantes que la norma arbitra de forma general (como el arrepentimiento, la reparación del daño causado o la colaboración en el esclarecimiento de los hechos o para la resolución pacífica del conflicto).

Debe indicarse que una vez resuelto el protocolo contra el acoso escolar y tasadas las conductas analizadas como de «acoso escolar» según normativa, con carácter general, debe activarse y sustanciarse un procedimiento disciplinario ad hoc que representa el marco explícito de referencia para la consideración de la gravedad de los hechos y las medidas correctoras posibles.

- Ya se ha tratado en este mismo capítulo: La opción de buscar el asesoramiento de operadores jurídicos especializados en estos contenidos, tanto en los casos de señalamiento como victimarios, como en el de las presuntas víctimas, se ha incrementado significativamente.

El derecho, nunca mejor dicho, asiste a los padres, pero la experiencia no marca este tipo de acciones como facilitadoras precisamente del esclarecimiento de hechos (lo más pacíficamente posible) y la búsqueda de soluciones reparadoras y promotoras de un siempre deseado restablecimiento del clima de convivencia y gestión de situaciones conflictivas que todos desearíamos.

- El consejo de muchos padres a sus hijos para que, si les preguntan por lo que está pudiendo ocurrir en el grupo o contra un determinado compañero, procuren ser muy cuidadosos y reservados y, solo en el caso de que se trate de hechos flagrantes, puedan sustanciar la veracidad de los hechos que se pretenden probar.

O, dicho de otro modo, *a ver dónde te vas a meter...*

- La posibilidad de que nuestro hijo pueda verse implicado en una situación de acoso viene a percibirse casi siempre desde la *condición de víctima y muy excepcionalmente de victimario*. Es decir, si te dicen que tu hijo está involucrado en una situación de presunto acoso, lo normal es interpretar que tu hijo es la víctima, muy pocas veces el agresor. Un ejemplo de esta observación podemos encontrarlo en el vídeo[82] *Niños ciberacosadores. Lo que no sabes de tus hijos*. Aceptar la realidad de que la implicación de nuestro hijo se encuentra en los espacios de quienes quieren dañar, con premeditación, reiteración y alevosía no es, sin duda, algo sencillo. No obstante, parece imprescindible en cualquier proceso de gestión de situaciones tan dramáticamente afectadas como las que son objeto de referencia.

Es necesario trabajar con la víctima que no es culpable del acoso (aunque muchas veces quienes la agreden se lo hayan hecho creer), y que puede hacer cosas para protegerse, como pedir ayuda y hablar. Es necesario también trabajar con quienes agreden su responsabilidad respecto a sus propios actos: han hecho daño conscientemente, y ahora tienen que asumir tanto de dónde surge ese impulso agresor (es probable que hayan sufrido otras violencias y que esa sea la manera, dañina e inadecuada, de expresarlo, así que tendrá que aprender a pedir ayuda, y recibirla para resolver el origen) como la reparación del daño (simbólicamente, reparar el daño no solo resulta beneficioso para la víctima, sino que también les permite a quienes han agredido empezar a trabajar sus propias experiencias de violencia con un modelo más asertivo). Y es necesario, por último, trabajar con quienes observan, desde la responsabilidad en el entorno tanto hacia otros niños, niñas y adolescentes como hacia sí mismos, para evitar posibles agresiones en el futuro. (Horno y Romeo, 2017).[83]

• Por otro lado, es necesario resaltar una tendencia no infrecuente a mantener, por parte de los progenitores y, en alguna ocasión, de los alumnos afectados, el autoseñalamiento de la víctima en un rol de víctima «permanente», a pesar de las medidas adoptadas para reparar el daño y restaurar la convivencia y, en no pocos casos, la mejora notable en las relaciones interpersonales.

El estigma de la condición de víctima es muy difícil de superar, incluso en situaciones en las que se han evidenciado mejoras significativas tras los procesos desarrollados en el centro educativo. Las secuelas del «sello», que puede «marcar a fuego» a las víctimas, no son sencillas de erradicar.

Testimonio

Carlos, padre de Roxana, de 15 años

Me llamaron al centro con toda la urgencia del mundo. Conseguí salir del trabajo en una hora un tanto complicada para mí. Llegué al centro, me sentaron en el despacho del director y, así en caliente, con palabras que intentaban inicialmente «suavizar» lo que inmediatamente tuve que escuchar, me dijeron que mi hija estaba presuntamente implicada en conductas contrarias a la convivencia en el centro. Les pedí que me explicaran más, que no acababa de entender. Me dijeron que tenían que actuar según lo establecía la normativa vigente y que, aunque debíamos mantener la prudencia porque aún se estaba en fases iniciales y habría que intentar obtener evidencias de lo que se había sustanciado en una denuncia, se había presentado en el centro una notificación señalando a mi hija como involucrada en una situación de presunto acoso escolar.

«¿Cómo?», les dije. «¿Roxana? Ustedes la conocen, ella es una líder en clase, todos quieren ser amigos suyos, no falta nunca a clase, es una niña encantadora que, además, no ha tenido ni un solo suspenso en toda su escolaridad».

«Pero cuéntenme más. ¿Qué es eso de una notificación? ¿Quién ha señalado con el dedo a mi hija? ¿No habrán hablado aún con ella, ¿no? No se les ocurra, quiero saber qué me dice ella a mí y a su madre. ¿Quién ha sido capaz de decir eso? ¿Qué han dicho que ha hecho? ¿Cuándo? ¿Ella sola?».

Intentaron tranquilizarme, pero, claro, no lo consiguieron. Me explicaron el procedimiento que debían seguir prescriptivamente y que se iban a seguir todas las garantías de privacidad, confidencialidad, etc. Me explicaron que en el proceso iban a entrevistar a la mayor parte de los alumnos del grupo y se iba a consultar a los profesores que dan clase al grupo. Que estuviera tranquilo. ¡Tranquilo! ¡Tranquilo! ¿Mi hija una acosadora?

Roxana nos lo negó todo a su madre y a mí. Se trataba de un asunto entre chicas, de amigas, novios, redes sociales y toda esa basura en la que se meten. Pero nunca creímos lo que decían que ella hacía, de cómo movía los hilos para machacar a otra chica, Laura, que, hasta hace poco, incluso, había sido muy amiga suya.

La cosa no fue bien, nada bien. No quiero ir contra nadie, pero consulté con un abogado. Podían estar acusando a mi hija, incluso, de cometer «un delito». Y al final lo hicieron. Así nos lo explicaron a su madre y a mí. A partir de ahí debían abrir un procedimiento disciplinario que podría acabar incluso con una sanción de expulsión del centro. ¿Mi hija una acosadora?...

Testimonio

Ángel, director de un colegio de Educación Infantil y Primaria

Los protocolos contra el acoso escolar son cada vez más frecuentes en nuestros centros. Conductas que anteriormente se daban más en Educación Secundaria, llevan tiempo apareciendo en cursos como 5° y 6° de Primaria. Muchas veces, las «denuncias» (realmente solo son notificaciones) que nos presentan algunos padres sobre lo que pueden estar sufriendo sus hijos no pasan de ser (aun siendo este un tema a trabajar, por supuesto) conflictos entre compañeros en un marco de convivencia que tiene que aprenderse en el día a día.

La escuela hoy es un espacio en el que muchos chicos y chicas aprenden, casi exclusivamente, a gestionar las muchas situaciones de dificultad y frustración que las relaciones interpersonales incipientes llevan aparejadas. Esto deviene, entre otras cosas, de la progresiva desaparición de la calle como espacio donde aprender con y de los conflictos entre iguales, amigos, vecinos... Y también de la, asimismo, merma de experiencia en convivencia que surge de la cada vez más frecuente ausencia de hermanos con los que tratar, discutir, enfadarse, desenfadarse, compartir, reír, aprender, etc.

Muchos de los conflictos en los que los centros educativos tenemos que intervenir son, sin duda, situaciones en las que existe reciprocidad en las conductas de rechazo, insultos o peleas... Y, por tanto, sin que esté presente una de las características más significativas del acoso escolar: el desequilibrio de poder y la situación de indefensión que provoca en las posibles víctimas.

Pero, en ocasiones, nos enfrentamos a situaciones que dibujan un escenario bastante compatible con una posible situación de acoso, con sus características esenciales visibles, al menos con indicios de las mismas.

Probablemente, uno de los resultados más habituales al resolverse estos procesos a través del correspondiente desarrollo de las actuaciones fijadas en el protocolo, es la dificultad de los padres de los niños que han ejercido este tipo de conductas (que han sido adecuadamente acreditadas y documentadas en el procedimiento) a aceptar que esa situación se ajusta a la realidad.

No solo es habitual este rechazo a las evidencias y a las consecuencias derivadas, sino que estos padres intentan sustanciar (al contrario de lo observado y comprobado) que sus hijos realmente están siendo sometidos a una suerte de acoso institucional, dejándole en situación de imposibilidad de defensa y otorgándole la condición de «acosador», con todo el impacto emocional que este hecho conlleva.

No es fácil salir de este bucle en muchas ocasiones. El reconocimiento de que tu hijo ha podido estar efectivamente implicado como victimario en este tipo de situaciones es bastante inhabitual. Y esta perspectiva, aun siendo comprensible en alguna medida (a nadie nos gusta que afeen la conducta de nuestro hijo con esta repercusión), no ayuda a restaurar la convivencia en absoluto. Estamos fallando en algo.

Dentro de la campaña de Save the Children «Yo a eso no juego», la organización publicó en 2017 la *Guía de actuación frente al acoso y el ciberacoso para padres y madres*. En ella se detallan algunas ideas sobre cómo enfocar y actuar en situaciones en las que nuestro hijo es quien ejerce la violencia hacia algún compañero. También, por supuesto, orienta sobre los pasos (y actitudes) a observar en situaciones en las que la condición es de víctima y, asimismo, de espectador:

El papel de las familias es fundamental para conseguir prevenir y erradicar el acoso y el ciberacoso. Para ello es necesario estar informados, establecer medios de comunicación adecuados con nuestros hijos, prevenir situaciones de violencia y conocer los pasos a dar cuando detectamos alguna situación en la que puedan verse implicados. Pero, sobre todo, es necesario contribuir a cambiar los modelos de conducta basados en la violencia como mecanismo de resolución de conflictos.

Como padres, madres y familias debemos, necesariamente, replantearnos nuestra visión de este tema. En los últimos años hemos oído demasiadas veces expresiones de este tipo relacionadas con el acoso entre iguales. Hemos vivido una época en la que oíamos:

- «Son cosas de niños, es mejor no meterse, tienen que aprender a resolverlo solos».
- «Esto siempre ha ocurrido y no pasa nada».
- «Estas cosas fortalecen, curten el carácter de quien las padece».
- «Son bromas, cosas de chicos, no pasa nada».

Y sobre las víctimas:

- «Seguro que también habrá hecho algo, se lo merecía...».
- «Tiene muy poco aguante».
- «Él es el rarito. ¿Qué espera...?».
- «¿A quién no le han dado alguna vez de lado?».

Este tipo de afirmaciones (muy en la línea de los que han sido considerados los mitos sobre el *bullying* desde siempre[84]) ayudan a perpetuar una forma agresiva de relacionarse y legitimar la violencia. Es importante que como padres y madres tengamos claro que las conductas agresivas para resolver conflictos se aprenden desde edades muy tempranas. Nuestro papel es estar alertas y actuar lo antes posible para reorientar esas conductas y comportamientos enseñando al niño conductas positivas como el diálogo, la negociación, el respeto y la tolerancia. Por ello, y esto es especialmente relevante, debemos desterrar definitivamente el concepto de «chivarse» tan instaurado en nuestra cultura. Comunicar una situación de violencia no es chivarse, es asumir que la violencia no es tolerable y solicitar ayuda para evitar el sufrimiento de las víctimas.

En relación con las situaciones de *ciberbullying*, resultan, asimismo, de mucho interés las conclusiones del estudio de Larrañaga, Martínez-Fernández, Olveira, y Garitaonandia «La actitud de los progenitores ante el *ciberbullying* que viven sus hijos e hijas»[85] (2022). «El análisis parte de los resultados de una encuesta realizada a familias españolas en 2019. La muestra de 850 padres y madres con hijos de 9 a 17 años es representativa a nivel nacional».

El trabajo describe la percepción que tienen los progenitores españoles sobre situaciones molestas que viven sus hijos en Internet como el *ciberbullying*, sufrido o el perpetrado por sus hijos, y analiza su relación con conflictos familiares, la capacidad de ayuda, la resiliencia y la estrategia de mediación parental de monitorización o la iniciada por el menor. Algunas de las conclusiones más relevantes:

La percepción que tienen los padres y las madres sobre el *ciberbullying* a la que se exponen sus hijos/as es baja. Los progenitores tienden a subestimar los riesgos *online* que experimentan sus hijos/as, pues solo un 8 % de ellos los perciben. Sin embargo, su preocupación sobre el *ciberbullying* es mayor en el caso de las hijas, y conforme aumenta la edad de estas. Así, un 14 % de los progenitores con hijas adolescentes (13-17 años) percibe el *ciberbullying* sufrido por sus hijas. Siendo estadísticamente significativas las diferencias en función del sexo entre adolescentes, aunque no hay diferencias en edades inferiores, de 9-12 años.

La percepción del *ciberbullying* perpetrado por sus descendientes es todavía más baja. Siendo menor que la percepción del *ciberbullying* que sufren. Y no hay diferencias estadísticamente significativas por franjas de edad o sexo.

El 44 % de los progenitores tiene la percepción de que sus hijos/as tienen la capacidad de enfrentarse a situaciones que le molestan *online*, y está relacionada con la edad del menor, siendo mayor en adolescentes que en niños/as.

El 83 % de los progenitores se sienten muy capacitados para ayudarles ante situaciones molestas. La autoconfianza de los progenitores sobre su capacidad de ayudar a sus hijo/as es muy alta. Consideran que están capacitados para ofrecer ayuda a sus hijos/as, sin encontrase diferencias estadísticamente significativas por franjas de edad o sexo.

Por otro lado, los padres ven la resiliencia de sus hijos/as y confían en su propia capacidad para enfrentarse a este tipo de riesgos. El 43,5 % de los progenitores cree que sus hijos/as tienen bastante o total capacidad para enfrentarse a estos riesgos *online*. Esta confianza aumenta con la edad en ambos sexos.

El estudio ha detectado que los padres que afirman tener más conflictos de comportamiento o por uso de las tecnologías con sus hijos/as son más conscientes de ambas formas de *ciberbullying*, mostrándose una relación significativa para los conflictos de origen comportamental.

Entre otras consideraciones finales, el estudio señala que, ante el acoso, en muchas ocasiones prevalece el silencio de los menores en los hogares, ya que estos piensan que, si comunican su situación, los progenitores les privarán de acceso a internet, o porque si denuncian los acosadores van a intensificar el acoso, o porque creen que no sirve de nada.

En definitiva, los padres subestiman y quitan importancia a las situaciones de *ciberbullying* que puedan vivir o afectar a sus hijos y se consideran en general capaces para ayudarles en el caso de que se enfrenten a situaciones delicadas en el entorno digital.

En cualquier caso, para Del Rey, «mientras confían en el centro educativo como lugar para informarse y obtener consejo sobre el uso seguro de Internet para sus hijos [.../...] y para guiar las experiencias *online* de sus hijos, la actuación en los centros escolares choca, también, con la dificultad de encontrarse con el ya citado silencio de los escolares que impide que el profesorado ayude a las víctimas al no ser conocedor de las circunstancias que pueden estar ocurriendo» (2018). Una vez más el silencio como obstáculo recurrente y pertinaz, miremos hacia donde miremos.

El papel de los iguales: el drama del silencio, de mirar hacia otro lado

El rol que juegan los iguales, en la prevención, detección e intervención en situaciones relacionadas con el acoso entre compañeros supone, con pocas dudas al respecto, una de las variables que correlaciona positivamente con la gestión eficiente de estas situaciones y, por supuesto, con la reducción de estas.

Pero, desgraciadamente, no siempre encontramos las respuestas adecuadas en el grupo cuando la experiencia del acoso se abre camino, como un cuchillo cortando la mantequilla. De forma hiriente, muy explícita, visible, frontal, despiadada.

La «naturalidad» con la que determinadas conductas de acoso entre iguales se despliegan en el día a día termina por hacer germinar una neblina moral que casi niega la realidad, la esconde la banaliza y soporta. «Es lo que hay, profe». «Es mejor no entrar, no meterse». Decir o hacer algo para mostrar el desacuerdo te mete un lío del que igual ya no puedes salir». «Al final, todo pasa, al menos, a ti no te pasa». «A veces la presión para que nos callemos es insoportable, las amenazas si hablamos, las miradas de odio para meternos miedo».

Testimonio

Juan, 13 años

A veces pienso en lo que estamos haciendo, callándonos lo que vemos, mirando hacia otro lado, dejando de prestar atención a lo que hacen con Sara. Ella es una compañera de clase normalmente muy callada. Es muy grande físicamente, muy diferente al resto de chicas de clase. A mí me saca casi la cabeza. Es buena estudiante y creo que buena persona. No se mete con nadie. Atiende en clase y con buenas notas.

La tomaron con ella casi al empezar el curso. Sara venía de otro centro y desde el principio le costó entrar. Las risas sobre su físico, su voz, cómo vestía y demás empezaron a ser constantes. Eso sí, sin que se enterase ningún profesor.

Todos nos reíamos al principio de las bromas y las burlas. Que si parecía una vaca, un hipopótamo, que si vestía como un chico, que si, que si...

Algunos no tardamos mucho en darnos cuenta de que esto empezaba a ir demasiado lejos. Vi a Sara llorar en algún recreo, sola en un rincón del patio. La he visto llorar muchas veces en clase, cuando los profesores salían.

Me cuesta decir esto, pero me considero un mierda por no haberla ayudado, por no haberla defendido, por no haberme enfrentado a los que tramaban todo. Lo tramaban. Algunos, como yo, sentíamos repugnancia por lo que hacían, por lo que le decían, pero no llegamos a atrevernos a decir nada. El silencio fue la salida que dábamos al miedo que sentíamos de que nosotros mismos fuéramos los insultados, los maltratados.

Soy un fraude. Cuando nos dijeron que Sara ya no vendría más al colegio sentí que algo en mi interior se rompía; como un golpe en el estómago, como un dolor de tripa que no puedes soportar.

Todavía tuvimos que escuchar frases como... «menos mal que la gorda esa ya no viene, con lo mal que olía...».

Esa noche me dieron ganas de vomitar en casa. Y de llorar. Acabé contándoselo a mi madre. Me abrazó y me dijo que tenía que habérselo dicho antes, que ella hubiera podido hacer algo. Le pedí, por favor, que se enterase de qué había sido de ella. Me dijo que lo intentaría, que conocía a otra madre que vivía en su mismo piso. Solo espero y deseo que esté bien.

El umbral de sorpresa e indignación por los actos que dañan a los que tenemos a nuestro lado sube con demasiada facilidad, dificultando sobremanera la posibilidad de sorprendernos y reaccionar, de hacer algo, de impedir la injusticia.

El miedo nutre las conductas de silencio más indignas, pero también la conciencia de que *ese no es tu asunto*, de que no te entrometas, de que no intentes resolver los problemas de otros porque al final el lío lo vas a tener tú también. «En el colegio procura no meterte en líos, ve a lo tuyo». «No te metas donde no te llaman, que cada uno se las arregle». ¿Nos suenan de algo estas expresiones?

Nuestros alumnos tienen su visión del fenómeno y es imprescindible conocerla, conocer las claves que manejan y sostienen sus actitudes (Luengo, 2017):

Cada vez sabemos más cosas. Y lo sabemos por lo que nos cuentan los chicos y las chicas. Víctimas, verdugos y, sobre todo, espectadores. Saben mucho y nos lo dicen a la cara. Pero no siempre quieren decirnos lo que ven, sienten e interpretan. O nos dicen algo en lo que no creen mucho en realidad. Especialmente, cuando hay mucha gente escuchando. Es necesario escucharlos a solas, o en grupos pequeños; generando confianza, con tiempo por delante. Con pocas preguntas. Dejándoles hablar. Con espontaneidad. Dándoles el peso de la reflexión.

Algunas de estas cosas podemos reproducirlas, de modo literal, de modo sencillo en «10 píldoras»:

1. «Cuando nos preguntáis sobre esto del acoso, no siempre decimos lo que sentimos o pensamos. A veces, muchas veces, mejor, decimos lo que queréis oír. Y así, podemos seguir a lo nuestro con cierta tranquilidad».

2. «Las charlas y esas cosas que nos dais no tienen tanta influencia como pensáis. Lo siento, pero es así. No creo que cambiéis muchas cosas diciéndonos lo que tenemos que hacer. O hablándonos tanto de lo que nos puede pasar si hacemos esto o aquello...».

3. «Existe una cultura de no meterse, de no entrar. De no meternos en líos. Y muchas veces seguimos lo que nos decís los padres en casa... esos consejos que nos dais. Por eso no entramos, como nos pedís...».

4. «A veces es por miedo a que nos caiga alguna a nosotros; por miedo a señalarnos. A que se nos considere unos pringaos. Porque el que lo hace corre el riesgo de ser considerado un friki».

5. «Lo normal es que no guste en clase cómo se comportan algunos... Pero suelen ser los jefes del rollo, esos a los que vosotros llamáis populares. Pero son más que eso. Es muy duro meterse en ese tema porque puede caerte por todos los lados... Y no siempre confiamos que lo que se haga en el centro nos vaya a

proteger. Luego quedan las miradas, las amenazas con la mirada, las risas, la calle...».

6. «Nos pedís que seamos valientes. Que hablemos. Que digamos si algo que nos hace algún compañero no nos gusta. Pero luego, ¿qué? A veces, acabamos dándonos la mano después de alguna movida y que algún profe intervenga. Pero lo que queda luego no siempre es fácil. Porque no siempre paran las cosas. Y al final solemos decir que estamos mejor y no es así».

7. «Nos decís que seamos valientes. Pero los profes tenéis que serlo también. Y más que nosotros. Cuando un profe se implica desde el principio la cosa es distinta. Le crees y confías en él».

8. «Los profes valientes son los que nos escuchan, los que se enrollan con nosotros y nos preguntan cómo estamos. Y nos damos cuenta de que lo hacen de verdad. Que les interesa».

9. «A veces no hace falta decir o contar nada a nadie porque algunos compañeros sí defienden al chico que lo pasa mal. Y cuando alguno lo hace es más fácil unirse. ¿Pero quién es el primero que se atreve?».

10. «Los alumnos mayores que son mediadores y ayudan, esos sí que ayudan. Y cuantos más haya en un centro, mejor».

Romper el silencio supone habilitar la vía de respuesta más adecuada al fenómeno. Y para ello, resulta imprescindible mostrarlo tal cual es, un monstruo que descompone cual-

quier posibilidad de abrir vías de respuesta eficiente al fenómeno.

En la investigación, para Castells, surge «la conspiración
del silencio» como enemigo esencial de la gestión de situaciones de acoso entre iguales. El acoso siempre revela y dela-
ta un abuso de poder, un poder que no reside únicamente
en las ideas y acciones del líder, sino también del grupo. Al
final, no puede obviarse que el grupo termina por habilitar
y tolerar la acción del maltratador o maltratadores y desple-
gar la violencia; un contexto en el que, en ocasiones, «ver,
oír y callar» se convierte en un mantra a cumplir a rajatabla.
En el acoso entre iguales acaba imperando la ley del silencio
(2007).

Testimonio

Thiago, 13 años

Lo mejor, al final, es callarse; ver, oír y cerrar la boca. Te guste
más o menos lo que ves, lo más inteligente es no entrar, no
hacer, no enfrentarse. Mejor estar lejos y no dar muestras de
que lo que ves que pasa en el instituto y en las redes con Fermín te importa y molesta.

Mejor no pienses, vete, no mires, que no te vean dudar. La
presión por mostrarte sumiso y callado no es fácil de explicar,
pero funciona. Tienes a cinco que controlan como tiranos lo
que pasa y miden cada paso que los demás damos. Y, así, las
únicas acciones que encaramos son para «escapar» y, sí, dejar
solo al pobre Fermín, que ya no sé cómo aguanta aún. Te vuel-

ves insensible. Fermín casi no existe. Es lo que acabas sintiendo. Y no mirar, no ver. Ojos que no ven, corazón que no siente. Y hago lo que me dijeron que hiciera: no meterme en líos por los demás. Ir a lo mío.

No pensar, no sentir, no ver, no escuchar. Seguir a lo tuyo. Y rezar para que no te toque a ti...

El informe del banco BBVA, «Aprendemos juntos, formar a los jóvenes contra el acoso escolar» de 2019 dice que sensibilizar y formar no es una tarea sencilla, pero es imprescindible. Es necesario trabajar con ellos, generar competencias y habilidades prosociales, desde el conocimiento, pero también desde la conducta y la actitud.

Según Bravo, Ortega-Ruiz y Romera, ellos marcan la diferencia, habilitando la configuración de grupos cohesionados, en los que la mayoría adopta posiciones de escucha y ayuda a los compañeros en situación de vulnerabilidad, y representa una variable de singular importancia la consideración de la victimización como un rol que la persona adquiere, cambiante e inestable, no como una característica propia y estable del individuo (2024). La mejora es posible. No debemos entender las causas como perdidas «per se».

Para Avilés, la idea de la construcción de un proyecto que implique a todos desde su ámbito de responsabilidad e influencia y las relaciones recíprocas que atesoran debe situarse en el corazón de nuestro propósito, de nuestra idea de cambio, de mejora, de edificación de un entorno seguro y de identidad compartida y colectiva (2015, pág. 23 y ss.).

En el centro de todas estas «operaciones» siempre encontramos a los docentes y su controvertida formación para ayudar en la lucha contra un fenómeno cada vez con más aristas en su perfil y desarrollo.

La formación del profesorado

Sobre la formación inicial

La revisión de los planes de estudios de las facultades de Formación del Profesorado revela un significado déficit en el tratamiento de contenidos de alta relevancia social como, sin duda, son:

- La promoción de la convivencia pacífica.
- La gestión de los conflictos en las relaciones interpersonales.
- La respuesta a los diferentes tipos de violencia contra la infancia y la adolescencia y, específicamente, a las situaciones de acoso entre iguales.
- La construcción de entornos seguros y favorecedores del bienestar emocional en toda la comunidad educativa.

La revisión de los planes[86] vigentes en el itinerario de formación de nuestros futuros docentes no parece ajustarse (ni en ámbitos de contenido, ni en créditos consignados a alguna asignatura que pudiera relacionarse con el marco que es de referencia) a lo que, entiendo, debería plantearse como respuesta a las necesidades de formación esencial del profesorado en ámbitos de contenido sustantivos, auténticos retos sociales, como la respuesta al acoso entre iguales y otros de naturaleza emergente, tales como la salud mental o la violencia de género entre adolescentes, entre otros; todos ellos, especialmente vinculados, hoy, al actual *statu quo* de responsabilidad de nuestras escuelas y marco social en que se ven inmersas.

Este escenario más que discreto (escasamente orientado a incorporar el abordaje, tratamiento y respuesta a retos y compromisos de muy alta consideración cultural, social y política) no es muy diferente en los planes de formación que rigen la configuración de contenidos de los másteres[87] de Formación del Profesorado de Educación Secundaria ofertados en la actualidad, con honrosas excepciones, incluida la programación para la especialidad de «Orientación educativa».

En lo que atañe a la formación que sería deseable durante los estudios de grado para poder hacer frente con sentido y criterio a las actuaciones profesionales ya en ejercicio, la respuesta al fenómeno del acoso entre iguales debería incorporar elementos tan obvios como:

- El ordenamiento jurídico en la materia.
- La conceptualización y dimensión del fenómeno.

- La investigación sobre el mismo.
- La promoción de la convivencia pacífica y democrática y la elaboración de planes de centro para su definición y desarrollo en las escuelas.
- Los programas de ayuda y gestión de conflictos entre iguales.
- El diseño, implementación y evaluación de los planes para prevenir el acoso entre iguales.
- El desarrollo de los protocolos de intervención y la acción con víctimas, victimarios y espectadores y el trabajo con familias.
- Las claves de la acción tutorial.[88]
- La atención a la diversidad.
- La promoción del buen trato y el bienestar psicológico.
- La generación de espacios seguros en los contextos educativos.

Sobre la formación en ejercicio

La formación en ejercicio de los docentes sobre el fenómeno del acoso entre iguales ha sido frecuentemente incluida en los planes de formación del profesorado (siempre como opción) y, de manera preferente, como un contenido sobre el que reflexionar y profundizar, en la formación de los equipos directivos de los centros. No obstante, no parece haber sido suficiente.

El sistema educativo no solo se ve concernido según los mandatos normativos propios, sino que es señalado específicamente, con responsabilidades significativas en norma con rango de ley con la que nuestra organización social pretende construir una sociedad mejor y más segura. De especial referencia pueden considerarse los principios y prescripciones que el ordenamiento jurídico sustancia en el marco de responsabilidades del sistema educativo en materia de prevención de los diferentes tipos de violencia contra la infancia. En concreto, la anteriormente reseñada Ley Orgánica 8/2021 de 4 de junio de «protección integral a la infancia y la adolescencia frente a la violencia», en el artículo 30 de su capítulo IV: principios del ámbito educativo, establece:

> El sistema educativo debe regirse por el respeto mutuo de todos los miembros de la comunidad educativa y debe fomentar una educación accesible, igualitaria, inclusiva y de calidad que permita el desarrollo pleno de los niños, niñas y adolescentes y su participación en una escuela segura y libre de violencia, en la que se garantice el respeto, la igualdad y la promoción de todos sus derechos fundamentales y libertades públicas, empleando métodos pacíficos de comunicación, negociación y resolución de conflictos.

Hacer frente a esto supone acciones formativas de alto impacto, entre las que debemos citar la formación en centros a través de seminarios, la creación de redes de apoyo y difusión del conocimiento entre centros. Pérez-Carbonell, Ramos-Santana y Sobrino (2016) plantean una interesante propuesta de indicadores clave generales que puedan facilitar el diseño de estrategias o acciones educativas de formación en materia de acoso escolar. En concreto:

- Evaluación de las necesidades del centro en materia de acoso escolar, para conseguir una mayor motivación e implicación de sus agentes. Sin esta detección, las acciones son excesivamente generales y no contemplarán el contexto del aula y/o del centro.
- Desarrollo de una intervención integral. Implicar a todos los agentes educativos y sociales en el desarrollo de las acciones formativas:
  - Las estrategias de colaboración y cooperación entre profesorado, entre profesorado y alumnado y entre profesorado y familia.
  - Las herramientas que permitan examinar el clima de convivencia del grupo clase y del hogar: sociogramas, escalas de valoración del ambiente social de aula, entre otras.
  - Los sistemas de normas de convivencia en el grupo clase, en el centro y en la familia.
  - Las propuestas para la organización, por parte del alumnado del centro, de jornadas, charlas y seminarios sobre acoso escolar.
  - Los ejercicios de toma de conciencia y sensibilización específicos en el alumnado para prevenir el acoso escolar en toda la comunidad educativa.

- Los protocolos para la solicitud de ayuda a los servicios sociales, a la Consejería competente en protección de menores y a la Fiscalía de Menores, entre otros.

- Formación para la convivencia y en competencias docentes socioemocionales, diseñando acciones que se centren en la adquisición de conocimientos teóricos sobre qué es el acoso escolar y su tipología presencial y no presencial a través de las redes sociales, así como en el conocimiento específico por parte del profesorado de sus funciones en materia de acoso escolar según establece la normativa vigente. Todo ello a través de seminarios, charlas o talleres con personal experto.

- Asimismo, se hace necesario dar a conocer estudios que presenten situaciones en las que el uso de medidas preventivas, tanto en el grupo clase como en el centro, haya supuesto una mejora del clima en detrimento de la aparición del acoso escolar. Por otro lado, se hace necesario trabajar con el grupo de docentes el desarrollo de sus competencias emocionales (conciencia emocional, regulación emocional, etc.), para dotarlo de actitudes positivas y estrategias que le ayuden a lograr el bienestar personal y social que le permita extraer su propio potencial, a fin de que pueda afrontar los acontecimientos de la vida cotidiana.

Todo ello con la finalidad última de trabajar para la consecución y la generación de una «cultura de convivencia», concienciar y motivar a todas las personas involucradas en el quehacer educativo de los centros y dar importancia al fomento de las relaciones positivas en cada grupo o clase, llegando así a erradicar las situaciones de acoso entre iguales.

Los estudios realizados en 2022 al respecto de la formación del profesorado en materia de violencia en las aulas, acoso y ciberacoso por la Fundación Mutua Madrileña y Fundación ANAR[89] muestran que no está resultando suficiente, afirman Martí[90] A., López, A. I. y Rodríguez, M. (2025). Y, probablemente, requiera de modificaciones cuantitativas (horas de formación) y, especialmente, cualitativas (contenidos y formatos). El profesorado debe capacitarse en estrategias para observar y desarrollar entornos de aprendizaje más seguros, no violentos y afectivos, que respondan a algunos de los objetivos de la Agenda 2030 para el Desarrollo Sostenible según Naciones Unidas (2015), como aseveran Bravo, Ortega-Ruiz y Romera (2024).

La formación en ejercicio marca su itinerario en el contexto de las acciones de naturaleza preventiva que, en sus diferentes niveles (primaria, secundaria y terciaria), deben desarrollarse en los centros educativos. Y consecuentemente debe habilitar y generar competencias para trabajar con los alumnos de manera eficiente en las diferentes dimensiones de la intervención preventiva.

Generar formación exclusivamente en torno a la descripción de las claves del fenómeno y los procedimientos a seguir en su gestión (regulación de la convivencia y protocolos contra el acoso escolar) es necesario, pero no es, ni mucho menos, suficiente. No parece haber sido suficiente. Para Unicef,[91] no está siendo suficiente hasta el momento presente la implementación de la figura de los «coordinadores de bienestar y protección señalados por la norma».

Lo señalado entronca directamente también con la eficacia escasa mostrada por los modelos vigentes para la sensibilización, información y formación en el sistema educativo. Los modelos basados en la mera «charla» informativa, en la acción episódica aislada muestran escasa permeabilidad en la dinámica de vida de los centros y de todos sus agentes. Muchas de las acciones que implementamos no llegan suficientemente a los diferentes agentes (docentes, padres y alumnos) ni consolidan adecuadamente los mensajes que se transmiten. Hemos de prestar más atención a lo que nos «dice» la investigación sobre las variables y parámetros de los programas que funcionan. Hay que insistir, los modelos de prevención en la escuela no están acertando suficientemente ni se ajustan a la evidencia científica sobre sus parámetros de eficacia.

Parece necesario «detener» por un momento las «máquinas» y evaluar qué ha funcionado y qué no lo ha hecho. Hacerlo es imprescindible, siempre a los efectos de buscar la eficiencia. Las rutinas en la acción diaria tienen, sin duda, sus ventajas, asociadas a tener «engrasada» y dispuesta la maquinaria y actuar conforme a lo planificado cuando sea necesario. Pero no siempre la automatización sin más de la intervención es la respuesta mejor a cada situación.

Resulta necesario capturar y entender por qué determinadas acciones no han funcionado o tenido, incluso, efectos no deseados. Avanzaremos en las siguientes páginas en algunas posibles líneas de mejora.

Prevenir, prevenir y, luego, prevenir

> «Lo cierto es que, para amar, hay que ser persona; y, para odiar, basta con ser un individuo».
>
> JAVIER URRA[92]

En este contexto, resulta pertinente hacer referencia a una cuestión abordada con anterioridad y no pequeña en su impacto y repercusión. La cada vez más frecuente activación de protocolos en la etapa de Educación Primaria, incluso es sus primeros cursos, nos permite abrir una ventana de reflexión sobre cómo y cuándo hacer. Y, también por qué hacer. Teniendo en cuenta la información precitada en el texto sobre el incremento de la incidencia de situaciones de acoso entre iguales en edades cada vez más tempranas, podríamos preguntarnos, por ejemplo, si esta circunstancia obedece «también» a la escuela, a su estructura, valores, currículum, modelo de convivencia y dinámicas, o está relacionada, más bien, con otros factores de naturaleza social y cultural, incluyendo, por supuesto, el modelo educativo y de actitudes parentales, el actual sistema familiar en el contexto de la organización social de la que nos hemos dotado.[93]

En consonancia con lo comentado anteriormente en este apartado, resultaría necesario pensar en la posibilidad de que las situaciones de presunto acoso entre iguales en Educación Primaria, y, en especial, en sus primeros cursos, pudieran contemplarse desde una perspectiva esencial de restauración de la convivencia. Siempre sin perjuicio de posibles acciones disciplinarias, pero enfocando el proceso desde la acción en esencial educativa y diligente; y preferentemente en los primeros momentos de la intervención, orientada a reparar el daño y restaurar un clima de relación interpersonal y convivencia que haya podido profundizar en aspectos esenciales como la reflexión sobre las acciones ejecutadas, su impacto y consecuencias, la responsabilidad contraída y la solicitud del perdón.

Las personas y los grupos crecen, o mejor, pueden crecer a partir de la vivencia de los conflictos[94] de convivencia. No obstante, la concurrencia de anomalías muy graves en las relaciones interpersonales, como, sin duda, lo son las situaciones de violencia y de acoso entre iguales, pueden acarrear desajustes notables que horadan la base de confianza y vinculación en quien las sufre en primeras personas y pueden deteriorar sensiblemente su crecimiento saludable.

En cualquier caso, no es fácil por supuesto, pero, «hacer de la necesidad virtud» (un proverbio que se asocia con la Escuela filosófica del estoicismo) puede representar una oportunidad para aprender y sacar ventajas de las desventajas. Y ahí, en ese contexto, en ocasiones, muy enfangado, hay que intentar extraer fuerzas de las flaquezas y habilitar perspectivas constructivas a partir de la anomalía.

El papel del grupo es esencial en la lucha contra el acoso entre iguales. En este documento he apelado al concepto de «tribu», señalando el espacio privilegiado del conjunto de compañeros de un grupo-aula que viven la experiencia de convivir cada día durante un número significativo de días al año. Un espacio privilegiado para vivir las relaciones, aprender de los errores, gestionar las adversidades y conflictos y aprehender de cada experiencia de relación interpersonal. Es el espacio de la «tribu» más cercana, el lugar del sentido (o no) de pertenencia, de sentirse (o no) alguien reconocible y apreciado; cuando menos, respetado. Es el nicho de las miradas, de la escucha, de la atención; también, del cuidado, de la sensibilidad; insisto, del respeto a la dignidad del otro, de los otros. O no.

Es en ese contexto, aunque no solo, por supuesto, donde pueden crecer la cercanía, la amabilidad, el compromiso de ayudar y compartir, de tomar en consideración, la convivencia pacífica. Es en ese contexto donde cobran especial significado la bondad como valor y el ejemplo y el modelo del adulto como referencia básica. Es imprescindible subrayar la importancia del perfil de los tutores como ejemplos vivos del modelo de cuidado en el que creemos. La acción tutorial como reto significativo para la mejora de la atención integral a los alumnos.

El perfil del buen tutor (Torrego, 2024)

Implicación	Adaptación al cambio	Autogestión/ Organización	Autonomía
Comunicación	Gestión emocional	Desarrollo personal	Liderazgo
Trabajo en equipo	Gestión del marco legal	Gestión y dinamización de grupos	Gestión, seguimiento y orientación académica y personal
Gestión, seguimiento y orientación a las familias	Gestión de conflictos y mejora de la convivencia	Gestión y coordinación con el equipo docente	Gestión y coordinación con los servicios externos

Tenderles la mano.[95] Esa es la piedra de bóveda de esta construcción de tribu solidaria y prosocial. El diálogo con los chicos sobre qué necesitan y cómo podemos ayudar los adultos en el desarrollo de este objetivo es notablemente ilustrativo. Necesitan sentirse cuidados, nos dicen. Necesitan un modelo de cómo cuidar y atender a los compañeros que tienen más dificultades, de cómo responder también a las equivocaciones, al error, a los conflictos. Nos señalan también lo interesante y útil que es conocer experiencias en las que compañeros de mayor edad realizan actividades de aprendizaje y servicio para apoyar a los más vulnerables, incluidos aquellos que pueden ser objeto de maltrato por algunos de los iguales con los que comparten aula o centro educativo. Y nos piden a los adultos que también demos ejemplo, que seamos valientes, que demos pasos al frente y marquemos las líneas infranqueables que garantizan la promoción y vivencia de la seguridad y el buen trato...

Testimonio

Raúl, 13 años, sobre su tutora Araceli

Me llamo Raúl. El primer día de clase entró en el aula la profesora de Lengua, Araceli, que iba a ser durante ese curso nuestra tutora. Ella venía de otro instituto, y nos explicó también el porqué del cambio al nuestro. Un asunto personal en el que no quiso entrar pero que, para ella, suponía la necesidad de su traslado.

Ella sonreía en todo momento; su actitud de cercanía me gustó, me hizo sentir que valía la pena escucharla. Nos preguntó nuestros nombres e, inmediatamente, nos dejó un folio que ella había preparado para este día y en el que todos nosotros debíamos escribir algo personal que no nos importase contar, algo que nos provocase alguna preocupación de cara al curso que empezábamos, algo que nos había salido mal en el pasado y que considerábamos importante, algo que nos había hecho sentirnos especialmente bien también en el pasado; también un miedo, un interés o afición especial y un propósito para el futuro.

Nos dijo que esa mañana no teníamos que entregársela. Que nos la llevásemos y que en el plazo de una semana se la entregásemos. Incluso nos dijo que no teníamos que poner nuestro nombre, aunque prefería que lo hiciéramos.

Después de explicarnos todo esto, nos dijo que quería contarnos una historia, una suya, personal, una que la dejó muy marcada cuando la vivió de niña. Nos pidió permiso para contarla. Y toda la clase dijo que sí, claro. Siempre nos gusta que los profes nos cuenten algo de sus vidas...

Con doce años, en el colegio al que iba, nos dijo, lo pasó muy mal al principio de curso. Llegaba nueva al centro y siempre le costaba hacer amigos. Era tímida, muy tímida, expresó, mirándonos fijamente. Se quedó un rato callada, como si estuviera recordando en ese mismo momento lo que debió sentir. Era tan tímida, dijo, que apenas podía mirar al rostro de alguien si le hablaba, sentía que su cara empezaba a arder y el corazón casi le explotaba.

«Era tan tímida», siguió contando, «que cuando me preguntaron mi nombre para que me presentara al grupo el primer día no fui capaz de hacerlo. Y, por supuesto, mi silencio provocó una carcajada general en todos mis compañeros. Mi profesora, Carla, pidió a todos que, por favor, dejaran de reírse; se levantó, se acercó a mí, puso una mano en mi hombro sonriéndome y me dijo: "A mí también me pasa esto a veces... Me da vergüenza hablar en público. No te preocupes, Araceli. Un nombre muy bonito. Fíjate que ese nombre significa 'luminosa'. Yo sé que tú lo eres". Se quedó a mi lado y lanzó una pregunta al grupo. Que si alguien quería contar algo de sus vacaciones. Después de clase, en el tiempo de recreo, se quedó un rato hablando conmigo. Me preguntó de dónde venía y alguna cosa más y me dijo que ella iba a estar ahí siempre para lo que yo pudiera necesitar.

»Los días siguientes no fueron muy distintos. Me costaba entrar en el instituto cada día. Tenía miedo a tener que hablar, a que me preguntaran, a tener que exponerme. Las miradas de muchos de mis compañeros eran frecuentes. Alguna de ellas con risita incluida. Yo callaba y escondía la mirada. Un día, durante el recreo, mientras estaba sentada mirando a mi alrededor sin hacer nada, dos chicos de clase se acercaron y me dijeron que si iba a estar tan callada siempre, que si no sabía hablar. Lo hicieron mientras se reían.

»Lo mejor vino enseguida. Una compañera de clase, María, se acercó decidida. Muy seria. Me preguntó que qué me estaban diciendo. Y les dijo que por favor no me molestaran. Se marcharon enseguida. Ella se sentó a mi lado. No me dijo nada especial, ni me preguntó cómo estaba. Simplemente, se quedó a mi lado. Y se presentó. Me habló un poco de ella, de dónde vivía, que tenía un hermano más pequeño, que le gustaba leer. Me habló del libro que en ese momento estaba leyendo. A mí me encantaba leer y presté mucha atención a lo que me decía. "Araceli", dijo. "Me gusta tu nombre. Hoy voy a ver si puedo sentarme a tu lado en clase. ¿Te importa? Total, acabamos de empezar. Si a ti no te importa, lo voy a intentar. ¿Te importa?", repitió. "No", le contesté. "Pues ya está, vamos", dijo.

»Los días fueron pasando y no fue fácil. Seguí sintiendo miradas extrañas y un poco amenazadoras, pero me sentía segura. Carla, la profesora del primer día, y María me hacían sentir cómoda, más segura... Lo mejor vino el día en que pude explicar un problema de matemáticas que nadie había sido capaz de resolver (se me daba muy bien esa asignatura; bueno, en realidad, yo devoraba los libros de todas las asignaturas; y todos los libros que caían en mis manos). Ese día noté que las miradas de muchos eran distintas; y la de María, sonriente, con una sonrisa de oreja a oreja».

«Chicos», nos dijo Araceli. «A veces, cuando nos encontramos muy mal, basta con que alguna persona se acerque y se muestre dispuesto a acompañarte, casi sin decir nada, pero con la mirada sincera y cariñosa. Lo demás, los demás, vienen después. Todo es más fácil», nos dijo Araceli. «De alguna manera, yo soy Carla, la profesora que me ayudó. También soy María, la amiga que me sonrió y de la que os he hablado. En esta clase vamos a ser una piña. Tenemos que ser una piña. Podremos equivocarnos, enfadarnos, liarla un día. Pero vamos a cuidarnos. Os lo aseguro».

La tribu está ahí, en las distancias cortas, muy cortas

«Nuestra generación no se habrá lamentado tanto de los crímenes de los perversos, como del estremecedor silencio de los bondadosos».

Martin Luther King

«Para educar a un niño hace falta la tribu entera».

Proverbio africano

La tribu no es, más bien no debería ser, un concepto puramente teórico. Un término con el que, normalmente, todos nos sentimos concernidos, más o menos, cuando es señalado como «caldo de cultivo» de la educación. Es inherente Nos referimos a ese proverbio que reza que «para educar a un niño hace falta toda la tribu». Normalmente, todos asentimos, cercanos a esa mirada. Esto es cosa de todos. Pero suele haber un problema con este tipo de narrativas. También va de frases muy conocidas... Unos por otros, la casa sin barrer.

La tribu, claro, es la tribu. Hasta ahí todos llegamos. La sociedad, el modelo de organización social del que nos hemos dotado, el entorno digital, la escuela. Y también, por supuesto, el ordenamiento jurídico que define el *statu quo* de nuestras vidas en todos los ámbitos.

Pero si nos quedamos ahí, acaba pasándonos lo que nos pasa. Que no somos capaces de identificar que la tribu es también mi casa, mi entorno familiar; que también es tribu la organización que mueve nuestros centros educativos, el modelo que los define y les da identidad, sus valores y compromisos, el modo en que interpretamos la forma de relacionarnos, de compartir, de colaborar, de dialogar (o no), de construir de forma combinada.

La tribu, en efecto, puede ser el centro educativo en su conjunto. La experiencia desarrollada en este sentido por el ya citado Proyecto TEI[96] (Tutoría entre iguales) es un ejemplo a seguir: (1) un programa que cuenta con evidencias científicas de resultados por varias universidades, (2) basado en la tutorización emocional entre iguales (los alumnos mayores —dos años de diferencia de edad— tutorizan emocionalmente a sus compañeros de dos cursos más pequeños) y que implica a todas las etapas educativas: Educación Infantil, Primaria, Secundaria y ciclos formativos.

Y, por supuesto, también es tribu, y esencial en el corazón y el alma de estas reflexiones, el espacio físico, psicológico y relacional que constituye nuestro grupo-aula, siempre en perspectiva compartida con las familias de este, y con su necesaria implicación. Esta es una tribu extraordinaria, sobresaliente, aventajada. Un lugar y un tiempo para crear una manera de orientar la compleja tarea de entender que no estamos solos, que habrá cosas y situaciones que no nos gusten nada, que no siempre nos encontraremos exultantes, que todos y cada uno de los que formamos el grupo tendremos días malos... Que tendremos ganas de llorar, pero que también reiremos.

El grupo-aula es un espacio privilegiado para crear identidad, sentimiento de pertenencia, orgullo de convivencia, miradas cómplices. Ese es el entorno, el contexto en el que es necesario invertir (tiempos, espacios y dignidad en la tarea de la acción tutorial) si pretendemos dibujar nuestro horizonte ligado a la generación de entornos protectores de la infancia y la adolescencia, entornos seguros, intocables, tranquilos. Espacios donde las dificultades y los conflictos se gestionan, «lavan» y tratan con la participación de todos. Y, sobre todo, lugares donde se habla de las cosas que nos preocupan, se atiende y cuida a aquellos que viven mayores dificultades.

Y, no dejemos de tenerlo en consideración, también puede ser grupo un pequeño grupo de compañeros que acompaña, ayuda, da sentido de pertenencia y sostiene a un alumno en situación de vulnerabilidad en el ámbito que es objeto de reflexión. Muchos niños y niñas que han o habían vivido situaciones de maltrato entre compañeros sostenido en el tiempo han sido capaces de expresarlo de manera incuestionable y explícita: «A veces basta que un compañero me muestre su apoyo, que se siente conmigo, que esté conmigo durante el recreo... Que diga, con su conducta y actitud, que nunca me va a dejar solo, que también él es mi fuerza». «En ocasiones, su mirada lo es todo, su compañía, unos sitios delante o detrás de mí. Saber que está pendiente. Y que todos lo saben...».

Está suficientemente comprobado. Aquellos centros que apuestan claramente por dar protagonismo al alumnado en el diseño y desarrollo de planes para la promoción de la convivencia pacífica y el buen trato y la prevención del acoso entre iguales, reducen de una manera significativa la conflictividad en las relaciones interpersonales y favorecen el despliegue de valores y principios basados en el diálogo, la ayuda, la escucha, el respeto, la solidaridad y la amabilidad.

Alumnos y alumnas que ayudan. Y se comprometen. Y son mostrados. Y se muestran. Se hacen visibles por las aulas. Y en los blogs y webs de los centros. Y traen un soplo de aire fresco a cualquier estructura y organización. Alumnos y alumnas que, con la adecuada planificación, representan la reflexión, la información y la formación conjuntas. Y también la detección y derivación, en su caso. Pero especialmente la acción directa con los compañeros para reflexionar sobre conceptos, prácticas, experiencias. Convertidos en referentes como delegados de convivencia del alumnado del centro. Un grupo que con el paso de cada curso dará entrada a nuevos miembros, consolidando y extendiendo la influencia. Un grupo que en poco tiempo podrá alcanzar niveles de capacitación suficiente que permita, incluso, la formación de nuevos integrantes, y, con ello, la extensión de la idea, del modelo, de la visión. Son los mejores agentes.

Una revisión de los modelos y experiencias que, en la actualidad están desarrollándose en esta materia y con estos mimbres lo encontramos en el capítulo «Promover la convivencia en los centros educativos: el protagonismo del alumnado» (Luengo, 2017 b, pág. 97), del monográfico editado por el Injuve sobre *bullying* y *ciberbullying*»:

> Promover la convivencia pacífica en los centros educativos es cosa de todos. De toda la comunidad educativa. Y de su contexto. Pero especialmente, debe ser asunto también del alumnado. Dotarle de protagonismo resulta esencial en el desarrollo de proyectos que pretendan erradicar la violencia y el maltrato en las relaciones interpersonales. Entre los diferentes agentes y, por supuesto, entre los iguales.

El proyecto de «Alumnos Ayudantes TIC»,[97] reseñado en la publicación citada representa un ejemplo de notable eficiencia y claramente sostenible en los centros educativos.

Un recurso, asimismo, de interés para consulta sobre la implementación de programas de ayuda entre iguales en esta materia podemos encontrarlo en los materiales publicados en el sitio web de «Mejora de la convivencia y clima social convivencia y clima escolar de los centros docentes», de la Consejería de Educación, Ciencia y Universidades de la Comunidad de Madrid. En concreto, en la publicación «Los equipos de ayuda en convivencia y el equipo para la prevención del acoso escolar y del ciberacoso» (Luengo, 2017). De especial consideración debe interpretarse el protagonismo de los alumnos fomentando el corazón de la ayuda en la formación, la investigación y la perspectiva del modelo de Aprendizaje y Servicio (BBVA. Aprendemos Juntos: El aprendizaje-servicio transforma la sociedad).[98]

La tribu es también el equipo docente; siempre en el contexto de entender y dinamizar las dinámicas proactivas del grupo, de los grupos. El conocimiento de sus alumnos siempre al servicio de las necesidades de estos, de su singularidad, de su diversidad, de sus posibilidades.

Entender la tribu como un concepto, pero también, esencialmente, como una experiencia viva, candente, que late a cada segundo que pasa. Y protectora. Entenderla en las distancias cortas (Luengo, 2022), observando el papel protagónico que puede ejercer cada miembro del colectivo. Probablemente, gran parte de las vías de solución discurran por aquí. Entender la tribu como un espacio psicológico en el que soy, y estoy. Disponible, cercano, reconocible.

Y en esta «tribu» señalo también, directa y explícitamente, al conjunto de padres y madres del alumnado que forman la escuela, y cada uno de los grupos. Es necesario hacerlos sentir «cómplices» de una mirada de cuidado entre todos. Sin la complicidad de los padres nada es sencillo ni, en muchos casos, eficiente. Cómplices de una manera de responder al posible conflicto, de generar espacios de confianza recíproca con el equipo docente; de dar valor a la escucha, evitar los prejuicios y disponerse a la solidaridad. Concernidos en la prevención de la violencia, en el fomento de los vínculos afectivos, alerta con las relaciones tóxicas, cercanos a las personas, a la igualdad, a la equidad, al respeto a las diferencias y la diversidad, a los más desfavorecidos y vulnerables. Implicados en la educación como un prisma orientado al cuidado; prosocial, amable y afectuoso (Unicef, 2024, pág. 13, *Ibidem*).

Testimonio

Antonio y Cristina, padres de Yago, de 10 años

Nos citaron un día para contarnos que nuestro hijo Yago podría estar implicado en una posible situación de acoso a un compañero. No era solo él el presunto agresor, pero era necesario que conociéramos que iba a abrirse un procedimiento para intentar aclarar lo que podía estar pasando.

Las explicaciones que nos dieron fueron suficientes para entender que era posible que Yago estuviera en medio de esta situación. No nos lo esperábamos, por supuesto. La idea que tenemos de nuestro hijo es una muy diferente a la que puede asociarse a alguien que de manera premeditada puede estar inmerso en una especie de plan tramado para reírse, humillar y hacer daño a algún compañero. Nada más lejos de nuestra forma de «ver» a nuestro hijo en las relaciones interpersonales.

No nos gustó escuchar lo que nos explicaron, siempre con la cautela de que podrían no confirmarse los hechos que al parecer los padres de un compañero suyo habían señalado. Conocemos a ese niño, Fran, y a sus padres. Es un niño que pasa desapercibido cuando hemos coincidido en algún lugar con él y con sus padres; en un parque cercano, en alguna celebración del colegio o en algún cumpleaños. Es un niño dado en adopción en otro país. Suele ser poco dado a relacionarse, pero poco más podemos decir. Sus padres parecen agradables y alguna vez hemos cruzado alguna que otra breve conversación.

El director del centro intentó tranquilizarnos y nos detalló los pasos que iban a dar, entre otros, claro, hablar con Yago, con nuestra presencia si así lo queríamos. Y, por supuesto, hablar con la víctima y posibles «testigos» de las presuntas agresiones verbales, vejaciones y desprecios que Fran decía sufrir.

Hablamos con Yago esa misma tarde, le preguntamos y le insistimos en que lo mejor era que nos contase la verdad, si es que había ocurrido algo parecido a lo que nos habían contado. Yago quitó importancia a lo que los padres de Fran habían dicho y expresó que, alguna vez, podría haber participado en alguna situación en la que en grupo se reían de Fran por alguna cosa que hacía, por cómo hablaba, o por «cómo era...». Yago nos dijo que Fran a veces era «insoportable», que no se relacionaba bien con los demás.

La conversación no nos dejó en absoluto tranquilos. Queremos creer a nuestro hijo, pero la duda no se disipó. No.

Asistimos (solo yo, Antonio) a la entrevista en la que en el colegio preguntaron a Yago. Lo hicieron bien, con el respeto adecuado para no prejuzgar o presuponer. Volvimos a hablar con él esa tarde. En la entrevista tuvo el valor de decir que, en efecto, alguna vez él estaba en el pequeño grupo que insultaba o señalaba negativamente a su compañero de clase. Que solo alguna vez, que no siempre.

No queremos alargarnos. El proceso terminó y un día nos volvieron a citar para explicarnos las conclusiones a las que habían llegado. Al parecer, había suficientes testimonios de que Fran estaba siendo objeto de conductas reiteradas que le humillaban y despreciaban. De todo tipo. Incluida una situación en la que, en un baño, al parecer, querían meterle miedo.

Esta imagen provocó en nosotros un sensible desasosiego y preocupación. El centro había pasado una prueba, además, un test sociométrico, nos dijeron, que mostraba claramente el aislamiento que sufría Fran y que otros compañeros señalaban a Yago y a otros dos chicos como instigadores permanentes de conductas orientadas a la exclusión de Fran.

Esa noche fue difícil conciliar el sueño. Mi hijo se podía equivocar, pero lo que nos contaban iba un poco más allá. Negar la realidad no nos iba a ayudar, no iba a ayudar a Yago, ni por supuesto a Fran. Nos preocupa mucho el modelo de persona que queremos que construya poco a poco nuestro hijo.

No sin una profunda inquietud, aceptamos las acciones que se propusieron posteriormente como sanción disciplinaria a Yago por una falta muy grave contra la convivencia y, con todo el dolor de corazón, nos pusimos a disposición del centro para que nos orientasen sobre qué y cómo hacer.

Independientemente de las acciones que el centro nos dijo que iba a desarrollar, lo más importante para nosotros fue solicitar del centro que plantease, con todo el respeto y discreción, una conversación con los padres de Fran, porque queríamos pedir perdón. Y que nuestro hijo también lo hiciese. El centro, su director, así lo hizo. Los padres aceptaron de buen grado. Lo agradecimos mucho.

Con Yago tomamos alguna decisión sobre posibles ayudas. Creo que todo va a ir mejor. Incluida la relación de nuestro hijo con Fran. Esperamos.

La bondad como referencia

> «La ciencia moderna aún no ha producido un medicamento tranquilizador tan eficaz como lo son unas pocas palabras bondadosas».
>
> SIGMUND FREUD

En este contexto, es, asimismo, necesario, apelar a un valor innegable, sobresaliente, explícito: la bondad como dimensión esencial en las relaciones interpersonales.

La bondad entendida como como un valor imprescindible para la configuración de entornos protectores, seguros y de apoyo para la infancia y la adolescencia en los contextos educativos. Una bondad que trasciende las visiones más tibias del concepto, aquellas que la reducen a conductas meramente bienintencionadas y escasamente comprometidas y proactivas. En el momento actual necesitamos principios y valores que impliquen acción, valentía, cuidado eficaz y apoyo incondicional.

La bondad como ingrediente esencial en las relaciones interpersonales y la tribu entendida como marco privilegiado para la educación en valores humanos y prevención de comportamientos violentos como el maltrato entre iguales (acoso escolar) representan elementos imprescindibles en la generación de entornos protectores y seguros en los contextos educativos.

Los centros educativos son auténticos seres vivos, palpitantes en cada segundo de su día a día; y articulados en un sistema de subsistemas organizados que han de confluir en un objetivo esencial: colaborar en la configuración de mimbres que favorezcan el desarrollo integral, moral, justo y prosocial de sus protagonistas esenciales; los que crecen, los que sudan por entender el mundo por el que transitan. Y hacen sudar, también, a quienes compartimos con ellos su vida, deseosos de abrir vías para la definición de un mundo mejor.

Utilizo la construcción de «bondad de última generación» casi como un señuelo para generar cierta curiosidad por la idea y, claro, también a los efectos de superar un concepto en general no bien tratado (muy poco apreciado) como posible valor esencial en la formación de las personas en crecimiento. En su presente. Y en su futuro.

**Doce claves que dan sentido a la «bondad de última generación»:
las personas bondadosas y sus principios esenciales**

Libertad e independencia en la acción; estas personas no se dejan influir por amenazas o miedos.	Interés por los demás; tienen en cuenta, aprecian, valoran y dan espacio a quienes comparten su día a día.	Empatía activa; entienden a una persona desde su punto de vista en vez del propio, y les impulsa a actuar si es necesario.	Valentía y coraje para cuidar y ayudar a quien vive situaciones difíciles.
Sensibilidad y cercanía; delicadeza y ternura en las relaciones personales.	Capacidad para entenderse y comunicarse con los demás.	Capacidad para la escucha activa, con atención y conciencia plena.	Amabilidad, simpatía y sonrisa fácil; con actitudes y conductas generosas, solidarias, cooperativas, atentas y consideradas.
Humildad y sencillez; actúan con naturalidad, espontaneidad y sinceridad.	Paciencia en el trato, serenidad, tolerancia, calma: Inspiran paz.	Capacidad para reconocer los propios errores y pedir perdón.	Capacidad para perdonar y disculpar.

Para Bartolomé y Díaz es imprescindible sustanciar la red de apoyos y el apoyo social percibido (2020) como marco general para la lucha eficaz contra el acoso escolar. No es suficiente sentir que sentimos... Y sentirnos mal por lo que vemos o escuchamos. Es necesario implicarse, implicar, buscar alianzas, mostrar incondicionalidad. Ahí surge el liderazgo desde la bondad, ajeno a la soberbia, a la autopercepción de superioridad, instalado en el desprecio a aquello a aquellos que no le sirven, que no le son útiles, que no dan «prestigio» y jerarquía.

Es el liderazgo bondadoso el que hemos de favorecer el contexto escolar, en cada centro educativo, en y con cada grupo. Es esta mirada la que está permitiendo que emerja la ayuda mutua, la implicación y el compromiso, la defensa de valores de respeto y dignidad, de sensibilidad ante el que vive la dificultad, la exclusión, la soledad, el miedo, el dolor, el sufrimiento, la desesperanza...

El grupo, en síntesis, entendido como una tribu. El silencio, mirar hacia otro lado y permanecer sin hacer nada no son opciones válidas. Si no, más bien, una renuncia que no se entiende en ese ambiente creado; Y el liderazgo bondadoso como eje trasversal en la configuración de modelos de conducta esenciales.

El presente (y también el futuro, claro), requiere la configuración de entornos seguros, protectores de la infancia y la adolescencia. Allí donde se encuentren nuestros niños y adolescentes. Y, en especial, por supuesto en los contextos de naturaleza social y escolar. Hablamos de entornos saludables, generadores de miradas de confianza y accesibilidad incondicional de la ayuda en situaciones de dificultad.

La seguridad del entorno no implica sobreprotección. Muy al contrario. Encara la dificultad y la adversidad. Las admite como imprescindibles. Como imprescindibles son el esfuerzo, la automotivación y la autodisciplina. El entorno protector convive bien con la dificultad, el percance, el contratiempo, la percepción, incluso, de impotencia para salvar los obstáculos; pero se sirve de la vinculación, del afecto y la amabilidad para afrontarla aprender de ella.

Ayuda, acogida, escucha, cercanía, ternura. No sobreprotección invalidante. Tender la mano. Abierta. Fuerte. Convincente. Segura. Con la sonrisa en la boca. Mirando de frente con confianza. Tender la mano en la dificultad, cuando tiembla el alma. Y las piernas. Cuando las palabras casi no salen de nuestra boca, y si lo hacen, asoman tímidas, casi inaudibles. Y cuando nos cuesta sostener la mirada, inseguros, inestables, vacilantes.

Testimonio

Irene, 14 años, a su profesora Laura

Querida profe, sé muy bien cómo empezar esta carta, pero sentí que necesitaba escribirte. A veces las palabras se quedan cortas, pero quiero decirte gracias... Gracias.

Gracias por haberme escuchado ese día. Gracias por haber notado que algo no estaba bien, por no pensar que mejor no involucrarte, por quedarte después de clase ese día y por preguntarme cómo me sentía, aunque yo apenas pudiera decir algo.

En un momento en el que me sentía invisible, sentí que no lo era para ti. En un momento en el que tenía miedo de hablar, me diste un espacio seguro. Sentí que mi voz importaba. Y eso... eso lo cambió todo.

La sensación de no ser nadie ni nada que estaba viviendo me hacía pensar que estaba sola, que nadie se daba cuenta, que a nadie le importaba. Pero tu apoyo me ayudó a entender que no era así. Que sí hay personas dispuestas a escuchar, a tender una mano, a no dejar que uno se hunda. Y fuiste esa persona para mí. Con tus miradas, tus palabras. Y lo que hiciste en clase, con los compañeros. Por hacer visible con cariño y afecto mi dolor ante los demás. Por dejarme hablar, por pedir que me escucharan, por traducir mis palabras, también. Y cómo lo hiciste. Por hablar con mi padre, con otros profesores.

No sé si alguna vez voy a poder agradecerte lo suficiente por lo que hiciste, pero sí quiero que sepas que tu presencia me marcó. Y que nunca voy a olvidar cómo me hizo sentir: escuchada, acompañada y, lo que nunca pensé que ocurriría, valiente.

Gracias por estar ahí. Gracias por tu cariño, tu sensibilidad y tu forma de tratarme. A mí y a todos.

Los entornos protectores y seguros

«Si puedes mirar, ve. Si puedes ver, repara».

José Saramago

En este apartado es necesario citar también la referencia de los estudios elaborados por el Observatorio Estatal de la salud mental infanto-juvenil en su *Proyecto EMO-Child* (2025). En concreto, resulta de especial interés el tercer informe (discusión, págs. 42-43), que recoge, además de otras opiniones y visiones del fenómeno, la mirada que niños y adolescentes atesoran sobre las situaciones que, un día sí y otro también, forman parte de la vida de chicos y chicas en los centros educativos... Y fuera de ellos. Algunas de las observaciones que forman parte de su argumentario han sido expuestas en páginas anteriores en diferentes apartados.

4.3. El acoso escolar en el ámbito educativo: desafíos y soluciones

El acoso escolar es una preocupación constante en el entorno de los niños, quienes reconocen su presencia en la vida cotidiana. Según sus testimonios, los niños tienden a buscar el apoyo de padres y docentes cuando presencian casos de acoso escolar, lo cual resalta la confianza en las figuras adultas como mediadores en situaciones de conflicto.

Los adolescentes coinciden en que el contacto entre los padres del acosador y la víctima puede ser clave para la resolución de conflictos. Esto refleja un enfoque de intervención que involucra a la familia en la solución de este problema. Este enfoque está alineado con las recomendaciones de la OMS (2021), que promueven la implicación de las familias en la resolución de problemas de salud mental, incluido el acoso escolar. Sin embargo, los adolescentes también señalan que las medidas escolares, como charlas informativas y protocolos establecidos, no son eficaces para prevenir o abordar el acoso de manera efectiva.

Llama la atención la importancia que los niños dan al vínculo establecido con los adultos como mediadores en situaciones de conflicto emergente y la consideración de escasa eficacia que los adolescentes otorgan a las charlas informativas y los protocolos que se implementan para prevenir o abordar el acoso entre compañeros.

Porque, valorando el esfuerzo del profesorado y de los centros educativos en todo este itinerario, ¿estamos acertando con estas acciones? ¿Son suficientes los tiempos y los recursos dispuestos? Y, ¿es adecuado el modelo? ¿Es el modelo de impartición de las denominadas charlas por agentes externos y/o por expertos que apenas tienen relación con el centro y sus circunstancias? Creo que no estamos cerca aún de acertar con el paradigma adecuado. Llevamos muchos años desarrollando modelos parecidos sin que los resultados puedan considerarse suficientemente exitosos.

Así, sabemos que resultan eficientes los métodos interactivos, con sesiones muy estructuradas, trabajo en grupo y siguiendo un plan de contenidos preconcebidos y adecuadamente secuenciados; sabemos, asimismo, que los programas eficaces se implementan entre diez y quince sesiones, son impartidos por expertos o profesorado adecuadamente formado, están basados en modelos de influencia comprensivos, adaptados a las edades de la población beneficiaria, y utilizan programas multicomponentes.

Estos modelos no solo promueven la información y adquisición de conocimientos, sino también competencias de notable incidencia (habilidades personales, sociales y de relación interpersonal, toma de decisiones, empatía, comunicación efectiva, control de emociones y estrés, asertividad, motivación, resolución de problemas y apoyo al rendimiento escolar) con intervenciones aplicadas en más de un entorno;[99] todo ello, frente a diseños con muy escasa efectividad, en los que se utilizan didácticas como impartir clase facilitando información exclusivamente, debates no estructurados o espontáneos, escaso número de actividades o difusión de campañas con distribución de pósteres y folletos.

Las organizaciones internacionales de defensa de los derechos de la infancia y la adolescencia definen la necesidad de construir entornos protectores y de buen trato (Unicef, 2021; Save the Children «Entornos Seguros») y seguros de aprendizaje y contra la violencia (Unicef, 2022; Unesco, 2024 b) orientados a la promoción de la salud mental y el bienestar psicosocial en las escuelas (Unesco, 2022), seguros y saludables (OMS, 2022; Ministerio de Sanidad y

Ministerio de Educación, Formación Profesional y Deporte, 2022).

Es imprescindible reflexionar sobre las orientaciones y, en su caso, prescripciones que, con pocas dudas al respecto, definen un camino. Un relato cierto, identificable, señalado, reseñado. A continuación, se reproducen algunos de los elementos que deberían entenderse, sin perjuicio de otros importantes, en la generación de entornos seguros, de protección y seguridad, promotores de buen trato y bienestar emocional y especialmente en la prevención de la violencia contra la infancia y la adolescencia.

- La relevancia de promover vínculos emocionales y relacionales estables, generadores de confianza.
- La dignificación de la acción tutorial en todas las etapas educativas, en el contexto de trabajo con los grupos de referencia. Su trabajo cercano a las características individuales de cada alumno y el desarrollo de acciones de «grupo cohesionado» con sus familias.
- La construcción de alianzas con las familias.
- La importancia del trabajo de orientación de los equipos docentes (más allá de los tiempos fijados para el desarrollo de la acción evaluadora) en la reflexión y profundización sobre los grupos en los que imparten clase y sus características.
- La generación de sentido de pertenencia al grupo de referencia y al centro y la prevención de situaciones de

exclusión y la habilitación de experiencias de trabajo internivel (cultura de centro compartida).

- La importancia de la prevención de la soledad no deseada en la infancia y la adolescencia.[100]

- El impulso de la experiencia de grupo estable, comprometido entre sus miembros, en el que todos cuidan de todos (Luengo, 2025 a).

- La necesidad de incorporar los círculos de diálogo y la justicia restaurativa (IES Miguel Catalán de la ciudad de Madrid)[101] en las prácticas de gestión de los conflictos de relación interpersonal y la intervención temprana y restaurativa en los conflictos.

- La pertinencia de habilitar tiempos y espacios específicos para el diálogo sobre temas emergentes y de preocupación para los alumnos. Y la importancia de generar encuentros dialógicos en el contexto de diseño y desarrollo de planes para la promoción del bienestar emocional y psicológico en toda la comunidad educativa (Luengo y Yévenes, 2025).

- La prioridad en la atención de los alumnos en situación de vulnerabilidad, generando un modelo de cuidado esencial a los más desfavorecidos.

- La relevancia de fomentar el protagonismo del alumnado y de diseñar e implementar programas y experiencias de relaciones de ayuda entre iguales (Lucas-Molina, Pérez-Albéniz, Solbes-Canales, Ortuño-Sierra y Fonseca-Pedrero, 2022; Arango *et al.* (2024)) y la configuración de círculos de amistad (Roca, 2024).

- La búsqueda de acciones para la reflexión participativa sobre la mejora de los espacios físicos del centro.
- La orientación hacia el desarrollo de valores ligados a la bondad y al liderazgo comprometido socialmente.
- La significación de experiencias de trabajo con alumnos basada en la Pedagogía de los cuidados (INTERED) y el Aprendizaje-Servicio (Batlle y Escoda, 2019). El cuidado de la vulnerabilidad humana implica una ética del cuidado del otro. Basada en la acogida. La hospitalidad y la ayuda (Pérez, 2025, pág. 66).

Vínculos	Acción tutorial	Alianza con las familias	Equipos docentes involucrados
Sentido de pertenencia	Justicia restaurativa	Encuentros dialógicos	Atención a la vulnerabilidad
El protagonismo del alumnado	La revisión y mejora de los espacios físicos	La bondad como valor esencial	El cuidado y el Aprendizaje-Servicio

Los entornos seguros y protectores representan la concreción de escenarios donde las relaciones interpersonales, la convivencia y los entornos de enseñanza y aprendizaje se desarrollan en un clima en el que los diferentes agentes se involucran en una acción comprometida con la convivencia pacífica y los valores de cuidado y respeto mutuo, es posible equivocarse, prima el diálogo y la reflexión sobre lo que se hace y se experimenta; y se entiende el vínculo como una vivencia ubicada en la base de la confianza, la intimidad, la comunicación, la consideración del valor de los otros y la reciprocidad, la flexibilidad y la amabilidad.

Ya se ha señalado, los entornos seguros y protectores construidos de manera compartida y colaborativa no ahondan en la sobreprotección anómala y contraproducente. Muy al contrario, esperan el conflicto y la adversidad como algo natural y consustancial con el crecimiento y la vida, y lo encaran con honestidad y comprensión y buscan la participación de todos los agentes y protagonistas. El apoyo mutuo, la convivencia positiva, la percepción de seguridad y confianza en su afrontamiento suponen la esencia de una alianza poderosa para su gestión en el día a día.

La acción educativa con victimarios (con la colaboración de Raquel Yévenes Retuerto)

No podríamos dejar de sustanciar este imprescindible ámbito de intervención. Si queremos mejorar nuestros itinerarios de acción proactiva, es imprescindible actuar con los victimarios más allá de las salidas y vías que nos abren las actuaciones de naturaleza disciplinaria. El abordaje del acoso entre iguales constituye, sin lugar a dudas, un reto para los centros educativos en el desarrollo de sus planes y proyectos educativos.

En todo proceso orientado a la intervención en situaciones de esta naturaleza, emerge con fuerza el papel representado por las víctimas. Esto responde, de manera lógica, al profundo impacto que estas experiencias generan en el alumnado que las sufre, dado que los comportamientos dañinos entre iguales dejan huellas incalculables que deben ser comprendidas y atendidas de forma prioritaria, como se ha plasmado en el desarrollo de este libro.

Sobre la atención a las víctimas se han señalado algunas ideas para dar adecuada respuesta a sus necesidades sobrevenidas. Algunas de ellas las podemos encontrar en «El acoso escolar y la convivencia en los centros educativos: Guía para el profesorado y las familias» (2019 b, págs. 163-168). Entre otras señaladas:

- La creación de un clima de confianza. Es necesario planificar las acciones desde la premisa de fortalecer una adecuada relación con el alumno y con sus padres. Resulta imprescindible generar el clima de confianza e implicación en la tarea que permitan una relación fluida para el diseño y desarrollo de un plan que habilite nuevas perspectivas y percepciones del alumno o alumna afectados.
- Implementar acciones con la familia que puedan aportar información complementaria sobre la situación actual del alumno: percepciones sobre su situación, pensamientos asociados, competencias emocionales, estado actual del autoconcepto y autoestima, capacidad asertiva, confianza en las acciones desarrolladas y planificadas por el centro, seguridad emocional, etc.

- Desarrollar acciones específicas con el alumno para la evaluación de su situación actual. Resulta necesario trabajar de forma expresa los impactos que la situación vivida han tenido en su vida personal y social: habilidades emocionales intra e interpersonales, capacidad de afrontamiento, competencias cognitivas, modos de interpretación de la realidad, etc.
- Profundizar en la identificación del rol del alumno en el grupo, su ubicación en la red relacional y el mapa de influencias e interacciones y el modo de relación interpersonal que define su comportamiento para con los iguales.
- Actuar para el cambio de perspectiva y de respuesta: la mejora de las habilidades socioemocionales.
- La ayuda «de» y «entre» iguales. La colaboración de algunos compañeros y compañeras en el acompañamiento posterior a la resolución de la situación planteada es, con mucho, una de las medidas más eficaces para la mejora del alumno víctima.

Por otro lado, de la acción educativa con el acosador o victimario en el centro educativo se habla escasamente, en general.

El perfil del acosador se ha venido asociando a diferentes características no excluyentes: personalidad irritable y agresiva, bajo autocontrol, ausencia de empatía, tendencia a las conductas violentas y amenazantes, impulsividad, rendimiento académico bajo, actitudes desafiantes frente a profesores y compañeros y rol de líder ante un grupo de alumnos de características psicológicas parecidas o que buscan reconocimiento e integración en el grupo. No obstante, cada vez es más frecuente encontrar perfiles muy diversos, si bien destacando la dificultad para sentir el dolor de los demás, la escasa capacidad de comprensión moral y de la empatía, la actitud impulsiva e intolerante, las perturbaciones emocionales y la identificación con el modelo de dominio-sumisión.

En cualquier caso, no es muy habitual el desarrollo de programas de intervención práctica específicamente destinados y orientados al alumnado victimario, sin perjuicio, lógicamente, de las acciones de reproche disciplinario que son de referencia en los casos concretos en los que el centro educativo resuelve positivamente un protocolo de acoso escolar con la tasación de los comportamientos como propios del fenómeno que estamos tratando. A pesar de estos avances en el ámbito normativo y procedimental, persiste una laguna, a mi modo de ver, en cuanto a intervenciones prácticas orientadas a la atención del alumnado victimario más allá del marco sancionador.

Una vez activado y culminado el protocolo establecido para la atención del caso de acoso escolar, se ha verificado la existencia de este, se ha protegido a la víctima y se han desplegado acciones para reparar los daños ocasionados, es preciso no olvidar otro aspecto fundamental: la atención al responsable del acoso. Atender al menor que ha ejercido la violencia, el alumnado agresor o victimario, se presenta como una necesidad ineludible dentro de una perspectiva educativa integral en la formación individual y en el desarrollo integral de la persona. Esta atención no implica justificar el daño, ni eliminar el procedimiento sancionador correspondiente, sino prevenir la reincidencia y favorecer procesos de reflexión y aprendizaje guiados que intenten evitar futuras conductas agresivas.

En este sentido, la acción educativa en la gestión del acoso entre iguales debe entenderse como una oportunidad pedagógica para todos los implicados, promoviendo una cultura escolar que no solo sancione, sino que también eduque, repare y transforme. Solo así será posible ofrecer respuestas coherentes ante una realidad tan compleja como el maltrato entre iguales.

A continuación, se aportan una serie de propuestas orientadas a iniciar un trabajo estructurado con el alumnado agresor. Consideramos imprescindible avanzar en la comprensión y en la intervención desde una perspectiva integral, tanto en el ámbito educativo como en el familiar. Esto supone plantearnos interrogantes esenciales respecto al alumno que ha ocasionado el daño: ¿Por qué se comporta de ese modo?, ¿cómo se siente?, ¿qué necesita?, ¿qué respuestas debemos ofrecerle como modelos adultos de referencia?, ¿tiene alternativas reales para modificar su comportamiento?...

En numerosas ocasiones promovemos espacios de reflexión que buscan fomentar en estos alumnos la toma de conciencia sobre el daño ocasionado y el desarrollo de la empatía hacia la víctima. Desde una perspectiva educativa, estas acciones no solo resultan pertinentes sino también necesarias, ya que persiguen un fin educativo más amplio: formar personas que sean capaces de reconocer sus errores y de vivir y convivir de una manera pacífica y respetuosa en sociedad.

Sin embargo, surge una cuestión fundamental que merece nuestra atención: ¿Están estos alumnos preparados para integrar estas reflexiones?, ¿estamos promoviendo procesos genuinos de cambio o forzando respuestas inmediatas que surgen más como una reacción ante el conflicto que como un verdadero proceso de aprendizaje?, ¿son suficientes las acciones que implementamos?, ¿se realizan en el momento más adecuado en el proceso?...

En este contexto es necesario revisar críticamente el rol que asumimos los adultos de referencia en el acompañamiento de estos alumnos, con el propósito de contribuir a la reconsideración y transformación de sus conductas y no solo su sanción.

Desde nuestra labor como docentes y profesionales vinculados al ámbito escolar accedemos a un espacio privilegiado de observación de la infancia y adolescencia. El contacto cotidiano nos permite no solo acompañar los procesos de enseñanza-aprendizaje, sino también ser testigos de la complejidad emocional de nuestro alumnado. En muchas ocasiones, constatamos cómo las emociones no gestionadas como la ira, la vergüenza, el miedo, la ansiedad, la culpa, influyen de manera dolorosa en su desarrollo, limitando su libertad para comportarse y su capacidad de autorregulación.

En ocasiones, estas expresiones emocionales, lejos de constituir simples desbordes, pueden ser indicadores de necesidades no cubiertas o fruto del aprendizaje de modelos relacionales y de trato interpersonal inadecuados. Es frecuente que, como adultos, focalicemos nuestra atención en la conducta observable (especialmente cuando es agresiva o disfuncional, sin atender al contexto emocional o experiencial que la origina). Esto nos puede llevar a reducir una situación específica a un juicio personal (y posterior prejuicio) sobre el comportamiento de un alumno, etiquetando al niño o adolescente «causante del daño» sin tomar en consideración y valorar otros aspectos como experiencias adversas, sufrimiento, desprotección, factores de «riesgo» o carencias en su proceso de socialización y maduración.

El abordaje del acoso entre iguales requiere de una mirada más profunda y empática. Nuestros alumnos necesitan adultos capaces de acompañarlos cuando no hacen bien las cosas, cuando su comportamiento se ha alejado de lo esperado, que los acompañen en la construcción de vínculos seguros y protectores. Es necesario desde el rol docente ser capaces de mirar más allá de sus conductas para reconocer emociones y necesidades que subyacen. Solo desde esta comprensión será posible generar intervenciones educativas que no se limiten a la acción punitiva, sino a la transformación, el aprendizaje y la inclusión.

Como profesionales de la educación tenemos que confiar en la posibilidad de iniciar procesos de cambio auténtico, incluso cuando estos requieran tiempo, exista una resistencia inicial por parte del alumnado o demande un trabajo conjunto con familias. Debemos sostener la convicción de que nuestro alumnado tiene la capacidad de avanzar, adoptar modelos relacionales más saludables y de reconstruirse desde nuevas oportunidades que genere el contexto educativo. Acompañarlos en este recorrido es nuestra responsabilidad y una apuesta pedagógica por una escuela que educa desde el cuidado, la escucha y el acompañamiento. Pensar que este cambio se produce en el alumno victimario de manera «casi automática», individual y solitaria tras reincorporarse al grupo-clase después de una expulsión, por ejemplo, y que no debe hacerse nada más, representa una consideración demasiado simplista de este tipo de procesos.

En este contexto, debemos orientar nuestra mirada en un sentido proactivo hacia el cambio y la mejora, intentando crear un nuevo vínculo y espacios diferentes de interpretación de las relaciones interpersonales que dejen de estar empañados por las experiencias de trato inadecuado que fueron objeto de reproche social.

Desde el enfoque restaurativo se insiste en la reparación de las relaciones afectadas y en la búsqueda del sentimiento de comunidad y pertenencia; este es el camino que desde el ámbito educativo debemos perseguir. Para ello, es imprescindible involucrar a los alumnos en las decisiones que les afectan, escuchándolos de manera activa y tomando en cuenta sus opiniones.

La idea de poder reflexionar e incidir en las necesidades y emociones del alumno desde una nueva visión con respecto al victimario, fuera de todo juicio de valor y etiquetas, desde una mirada proactiva hacia la reparación, la conciencia del daño, la solicitud del perdón y la reconsideración de las acciones, debe tener un espacio en los centros educativos.

Para la implementación de esta línea de trabajo con alumnos victimarios podemos señalar tres pilares fundamentales, orientados a promover el desarrollo socioemocional del alumno para generar el cambio que se pretende sustanciar:

1. Reconocimiento del otro: es esencial que los alumnos comprendan la importancia y el impacto de lo que pensamos, decimos y hacemos en las relaciones con los otros. Emociones como la inseguridad, exclusión o tristeza, son comunes en esa etapa evolutiva y suelen manifestarse de forma diversa, no siempre fácil de nombrar o verbalizar. En este sentido, fomentar la empatía se vuelven indispensable para fortalecer y promocionar una convivencia pacífica, así como para desarrollar en el alumnado habilidades de relación interpersonal adecuadas.

2. Control y regulación emocional: esta dimensión implica aprovechar las experiencias cotidianas que se viven cada día en un centro educativo como oportunidades de aprendizaje para consolidar una transformación de la conducta. El objetivo es que el alumnado desarrolle la capacidad de reconocer y nombrar emociones, así como de identificar las formas en que están se expre-

san. Aprender a gestionar las propias emociones (y entender en la medida de lo posible las de los demás) y a vincularlas con sus propios pensamientos permite generar alternativas de acción más reflexivas y ajustadas a cada situación, lo cual favorece un desarrollo personal más equilibrado.

3. Autoconocimiento: se propone acompañar al alumno en el análisis de su vivencia emocional y de sus conductas, sin enraizar las acciones en los juicios de valor ni asumir etiquetas que favorezcan la «consolidación» de interpretaciones negativas por parte de los adultos. Adoptar una actitud de escucha activa, creando un espacio de guía y contención que permita al adolescente reconocerse en su sentir, identificar con qué emociones y sentimientos se identifica y comprender cuáles pueden generar experiencias desfavorables y disruptivas con la convivencia ordinaria. Este proceso contribuye al proceso de reconocimiento de errores y al fortalecimiento de estrategias para regular y canalizar adecuadamente su lectura e interpretación de sus emociones, pensamientos y acciones y de su impacto en las relaciones interpersonales.

Como en el caso de la intervención que se realiza con el alumnado que ha sido víctima de una situación de acoso escolar, una vez detectada, analizada, evaluada y valorada la situación por parte del centro educativo a partir del desarrollo y resolución de un protocolo contra el acoso escolar, la intervención con el alumno agresor ha de situarse en el marco de la acción tutorial y con el adecuado asesoramiento y, en su caso, intervención del Departamento de Orientación o del Equipo de Orientación y Coordinador de Bienestar y de Protección. El objetivo de esta intervención debe partir de la profundización en las características personales del alumno victimario, estableciendo una relación de confianza con él y, siempre, la perspectiva de cambio.

Los pasos de la intervención podrían acomodarse a la siguiente secuencia:

Establecimiento de una relación respetuosa y de confianza con el alumnado y la familia

Es necesario planificar las acciones desde la premisa de establecer una adecuada relación con el alumno y sus padres. Representa de especial importancia el modo en que nos enfrentamos al trabajo desde una perspectiva global, no solo centrada en el comportamiento del alumno en el centro educativo, sino desde el contexto de vida integral del alumno. Es necesario, por tanto, conocer las claves que definen su relación en su entorno, con los diferentes miembros de la familia, con amigos de la zona en la que vive o amigos del centro educativo.

La colaboración de los padres en este proceso de trabajo resulta imprescindible, así como la existencia de unas condiciones mínimas del alumno para aceptar y valorar el trabajo y mostrar disposición y esfuerzo para realizar el proceso de cambio y mejora. Para Gil, necesario situar la intervención en el contexto de la perspectiva de cambio y la colaboración de todo el sistema familiar para detectar e identificar los esquemas mentales, tipo de cogniciones, pensamientos y conductas que, en el contexto de las relaciones interpersonales, generan y sostienen el comportamiento agresivo, así como concretar las acciones para la reestructuración cognitiva, la regulación emocional y la mejora en la consideración ética de las relaciones interpersonales del alumno (2015).

Nuestra base de actuación será el diálogo restaurativo, donde el alumno es el protagonista y el adulto, en esta fase del proceso no busca culpabilizar y utiliza habilidades concretas como: la escucha activa, la comunicación asertiva y no violenta, la identificación de las necesidades, sentimientos del alumno y la cooperación. Nuestro objetivo debe ahondar en la posibilidad de habilitar un diálogo significativo y empático; nuestra finalidad no es reprender, sermonear o buscar culpables, ya que ese proceso se debió completar con el reproche disciplinario aplicado; la finalidad última es conectar con el alumno y la posibilidad de reestructuración de sus percepciones y pensamientos en el contexto de las relaciones interpersonales y, en especial, con los compañeros más vulnerables.

Valoración de las características personales del alumno

En este proceso de conocimiento y exploración del alumno puede resultar de interés profundizar en la identificación de su rol en el grupo, el dibujo y mapa de influencias e interacciones, el modo de relación interpersonal que define sus comportamientos para con los iguales y sus valores socio-personales (De la Fuente, Peralta y Sánchez, 2006). Es preciso conocer las claves de influencia relacional que pueden estar motivando el comportamiento agresivo del alumno, su rol y jerarquía en el grupo, sus pautas de relación con los compañeros y con el profesorado.

En este momento del proceso, lo normal es que ya se haya desarrollado en el grupo-aula algún procedimiento sociométrico con anterioridad (previamente o durante la ejecución del protocolo contra el acoso). Si no es así, el centro, especialmente el tutor, deberá estimar, en cualquier caso, si procede en este u otro momento plantearse la realización de alguna actividad de esta naturaleza. Puede tomarse en consideración, asimismo, la realización de algunas entrevistas, en el marco de la acción tutorial, con compañeros del aula, y con profesorado que trabaja con el alumno, a los efectos de seguir profundizando en las percepciones y también necesidades del alumno y comunicar el compromiso de mejora que tenemos planteado.

Este enfoque no se centra solo en las interacciones entre los alumnos, o entre adultos y alumnos; incluye también todas las posibles relaciones que se dan en el seno de la comunidad escolar (padres, madres, alumnado, docentes, personal de administración y servicios) por lo tanto incluye la gestión de todas las interacciones formales e informales (en reuniones, pasillos, comedores, patios, en actividades extraescolares y complementarias y en las metodologías de aula); y consiguientemente, afecta directamente al ámbito pedagógico. Es necesario realizar una evaluación de todas las variables ligadas a las conductas que son objeto de valoración y consideración a los efectos de poder intervenir en las mejores condiciones y al abrigo del contexto y la realidad del alumno.

Identificar los pensamientos asociados al comportamiento lesivo y reflexionar sobre los mismos

Llegados a este punto, resulta de especial utilidad acotar y concretar las conductas de maltrato que han sido detectadas, profundizando en los efectos específicos que provocan en la víctima e identificando, asimismo, las posibles causas de tales comportamientos, los pensamientos presentes durante su planificación, ejecución y los fines que se persiguen. Es especialmente pertinente asociar cada conducta con los efectos que produce y relacionarlos con los pensamientos y motivaciones que las generan, así como con los objetivos perseguidos por el alumno.

Se trata de valorar la cognición social del agresor, averiguar cuáles son los estímulos que propiciaron las conductas agresivas, la planificación de estas, el papel de los observadores, de los potenciales seguidores de las conductas y, en la medida de lo posible, en su caso, identificar y conocer los factores de riesgo personales, familiares y sociales que pudieran estar en la base de los comportamientos lesivos...

Escuchar qué y cómo se ha sentido la persona a lo largo del recorrido completo de las situaciones objeto de análisis y valoración contribuye a entender las causas de la conducta que se pretende reconducir. Conocer los pensamientos que dirigen su forma de actuar nos ayudará a explorar sus emociones y poder llegar a tomar conciencia de los sentimientos que se encuentran en la base de las conductas agresivas hacia otros.

No es infrecuente que después de cumplir una sanción y tras su reincorporación al centro y al aula, encontremos un vacío de acciones de valoración y significación de lo vivido y experimentado, Rojas opina que en todas sus dimensiones y en relación a todos los actores. Realizar estas acciones en este momento del proceso representa un paso imprescindible para sustanciar un cambio auténtico (2013).

Detectar las necesidades del alumnado

Es necesario intentar que el alumno identifique y/o verbalice lo que necesita en este momento sin poner en riesgo su relación con los otros. Esta acción, adecuadamente implementada contribuye a encontrar una línea de trabajo realista y adecuada a sus características.

Desarrollar acciones para generar consciencia en el alumnado de las consecuencias y efectos de sus comportamientos agresivos

Resulta necesario trabajar de forma expresa los impactos de sus comportamientos en la vida personal y social de los alumnos que han podido ser objeto de maltrato y agresión por su parte, así como en su propia vida y relaciones.

Actuar para el cambio de rumbo: la empatía y el respeto como horizonte

Los aspectos relacionados con el procesamiento de las emociones son fundamentales en cualquier planteamiento de mejora en los comportamientos de relación interpersonal del alumnado que ejerce acciones de agresión contra otros compañeros. Se hace referencia a la capacidad para percibir; conocer, interpretar y gestionar las propias emociones y las de los demás; mejorar, asimismo, la capacidad para reconocer roles, maneras de estar y comportarse en los grupos, intereses, normas y creencias; conocer cuál es el papel de cada uno y entender y aceptar las acciones relacionadas, como la resolución dialogada de los posibles conflictos, evitando la autopercepción de superioridad, la arrogancia y la dinámica violenta como forma de respuesta inmediata a las situaciones conflictivas. Se trata de desarrollar habilidades básicas para reconocer las consecuencias de sus actos en otras personas, prevenir la acción violenta y actuar de modo respetuoso, en cualquier caso, y, en la medida de lo posible, de manera prosocial (Luengo, 2019 b).

Dentro de este apartado, una línea de trabajo interesante sería abordar la modificación de los pensamientos distorsionados y resolver razonablemente los conflictos y/o causas subyacentes. Las técnicas de reestructuración cognitiva representan un elemento fundamental en el tratamiento de los alumnos acosadores y agresores. Resulta necesario trabajar desde la perspectiva de la modificación de las cogniciones y la reestructuración de los procesos de interpretación de las situaciones y la generación de atribuciones. Parece recomendable que este tipo de intervenciones sean desarrolladas por el especialista en Orientación Educativa, ya sea del departamento de Orientación o del equipo de Orientación Educativa y Psicopedagógica.

Búsqueda de soluciones: crear compromisos

Es necesario crear compromisos con el alumno objeto de esta intervención y con sus padres o tutores legales. Se necesita concretar y acotar comportamientos, disposición para el cambio, y compromisos de modificación de las conductas que han estado en la base de la situación creada y afectando notablemente a la integridad de otros alumnos. Se puede plantear la firma de un acuerdo por parte el alumno y de todas las personas de su entorno escolar y familiar que se han visto afectadas por las conductas desajustadas de origen.

Resulta de mucho interés, por último, no perder de vista la incorporación del enfoque restaurativo (Junta de Castilla y León: Prácticas restaurativas)[102] en el contexto de los conflictos entre iguales en los centros educativos. Supone un cambio de perspectiva y de concepción, tanto individual como institucional, en relación con la gestión de las relaciones y de las situaciones de conflicto que se dan entre compañeros. Incluidas algunas situaciones de acoso escolar, especialmente, en alguna de las fases de su tratamiento y resolución.

La línea de trabajo planteada se basa en este enfoque, siempre centrándose en la habilitación de patrones prosociales, el respeto mutuo, la asunción de responsabilidades de los propios actos, la reparación y la resolución cooperativa de los conflictos. Todo ello, por supuesto, sin perder de vista el prescriptivo tratamiento de los sistemas disciplinarios, pero, en todo caso, con la finalidad de reestablecer el equilibrio en el contexto de las relaciones personales entre compañeros.

Adrián, cumplidos los 28 años

«De mi madre aprendí que nunca es tarde, que siempre se puede empezar de nuevo».

FACUNDO CABRAL

Los años han pasado y las mellas en mi interior no son fácilmente disimulables. Aunque lo intento, por supuesto. Con mi edad, ahora, en este momento, me es más fácil explicar algo que contado siendo niño o preadolescente suena o se explica con dificultad.

Me refiero a ser como soy, desear lo que deseo, rechazar lo que rechazo y ocultarme como me oculto y, al mismo tiempo, sentir daño y dolor al experimentar el rechazo, la discriminación y la exclusión de aquellos con los que convivía en clase durante todos los años que pasamos juntos; grupos diferentes, compañeros diferentes también, pero un denominador común. Siempre fui el raro, el extraño, el que vive en su mundo y es, casi, un indeseable, huraño, antipático, arisco, huidizo, insociable, hosco...

Pues sí. Es posible. Y absolutamente real. Es complejo de explicar, pero mi incapacidad para poder situarme en los registros y modos de relación interpersonal que veía y sentía a mi alrededor (y cierta tranquilidad interior cuando me dejaban a mi aire, sin ruidos o estridencias...) fue y es absolutamente compatible con sentirme solo, el rechazado, el descartado; sentir el menosprecio y el desprecio.

Y luego, también, estaban los golpes, las collejas, los libros y cuadernos al suelo, desordenar «mi orden», descolocar mis cosas, esconder mis trabajos; mancharlos o romperlos, incluso. También estaban los insultos. Nunca miraba a la cara en estas situaciones, me escondía, física y psicológicamente. Huía de ese abismo que me ahogaba y enterraba.

Cuanto más huía, más solo me encontraba, más profundo era el pozo, negro y húmedo en el que me sumía. Sí, es posible, era posible. Quería estar y sentirme solo, mi paz, mi tranquilidad, mis pensamientos, mis rutinas, mi forma de ver e interpretar el mundo. Pero nunca fui de piedra. Las heridas ahondaron en mi cuerpo. Y en mi alma. Y sentí la inseguridad viscosa y densa de la desesperanza. De que no había camino, de que no había opción. Siempre me acompañaría el desaire de los demás; el desdén, la desatención.

Sentí muchas veces la facilidad con que se justificaba lo que me pasaba; que si me faltaban habilidades sociales, que si no me esforzaba, que si iba a peor. Que si...

La historia no está cerrada. Hoy soy como soy y quien soy. Con las muescas en mi carcasa que horadaron mi piel y mis entrañas. Pero hubo quienes me ayudaron. Mis padres y mi hermana siempre estuvieron ahí. Y mi madre. Mi madre. La mejor. Su manera de mirarme, su prudencia al decir o hacer. Y, sobre todo, su comprensión. Y su esfuerzo por convencerme de que era como era pero que siempre había posibilidades de abrir ventanas de oportunidad a nuevas miradas. Aunque discretas y humildes, pero nuevas, casi insólitas para mí. Y mi hermana, mi luz, mi faro, con sus ojos verdes, con su delgadez, con su móvil siempre en la mano. Pero siempre a mi lado, dando la cara por mí.

Me ayudaron los profesionales que creyeron en mí. Que me escuchaban. Su paciencia, sus ideas, sus habilidades para reinventarme. De esto se sale, dicen. Pero necesitas ayuda. Mucha. Y aún con las heridas y amargura muy presentes en mi vida, hoy, hago mi vida y la vivo con independencia. Y miro más, un poco más a los demás. Y me permito sonreír. Y he aprendido a estar callado pero conectado a los otros que me rodean. Al menos, un poco. Y esto no ha hecho más que empezar.

ADRIÁN

Testimonio

Maribel, de 34 años, hermana de Adrián

Solo recuerdo a Adrián con cara de felicidad, o, al menos, de tranquilidad, de paz, de calma cuando era pequeño, cuando se metía en mi cuarto, aún muy chiquitín y tenía que soportar mis ganas de ser «maestra» con él, una exigente maestra. Adrián, no; el lápiz se coge así, ese círculo es pequeño, te he pedido uno más grande, sin ojos, ni boca ni nariz, ni orejas (pintaba muy bien desde chiquitín...).

Voy a suspenderte y tendré que hablar con tus padres. Bueno venga, no te pongas triste, ya está, no llores. Entonces le abrazaba muy fuerte y él, que no gustaba mucho de abrazos, besos y esas cosas (no le gustaban nada), sí se quedaba tranquilo mientras le rodeaba todo lo chiquitito que era. Me miraba, con esos ojos grandes que todo lo taladran y estudian. Secaba con mi pañuelo sus incipientes lágrimas (al verme seria) y se acurrucaba un poco en mi regazo. Pero enseguida decía: «¡Ya! Quiero pintar más contigo. Pero déjame pintar». Esas eran sus palabras.

A veces, simplemente estaba conmigo mientras yo hacía los deberes. No decía muchas cosas un día y me atormentaba a preguntas otro. Adrián era extraño, sí, pero yo le entendía todo.

Luego ya todo fue más difícil. Sus «cosas» fueron haciéndose más estables y raras para los demás. Pero yo notaba su tristeza. A veces oía a mis padres hablar de lo que podría estar viviendo en el colegio. Su mirada se volvió triste y afligida. Como huidiza. Como si no confiara en nada ni en nadie. Bueno sí, en mi madre, especialmente. Y en mí, creo. Mi padre era más serio y se enfadaba mucho con él cuando le decían que en el colegio «hacía su vida» y que no le interesaban los otros compañeros ni la convivencia. Lo llevaba regular, pero le quería mucho. Yo le observaba cómo lo miraba en silencio. Casi siempre le veía una sonrisa sutil, como de orgullo por lo fuerte que era.

Hoy es independiente. Y fuerte. Pero esas heridas de sentirse siempre fuera las lleva dentro y aún supuran, creo. Cuando nos vemos, le digo: «¿Te puedo abrazar?». Él siempre me dice: «Sí, tú sí; pero poco ¿eh, Maribel?».

Epílogo

«Que no se ocupe de ti el desamparo, que ser valiente no salga tan caro, que ser cobarde no valga la pena».

«Noches de boda», JOAQUÍN SABINA

Estamos llegando al final. Ya queda poco. Muchas gracias por llegar hasta aquí, hasta casi el final del recorrido propuesto. Y vamos con algunas ideas esenciales, finales y de referencia.

El acoso entre iguales se esconde, anida y medra en vericuetos oscuros y enfangados. Por supuesto, al abrigo de espacios viscosos que encubren la acción infame; fertilizados por la superioridad y jerarquía abyectas; nutridos por el desprecio, la dejadez, la indiferencia, el abandono, la negligencia o la aberrante cultura de la popularidad; también por el miedo, la cobardía. Y, por supuesto, enmarañados con el indigno y vergonzoso silencio.

El silencio nos hace débiles, nos aísla del mundo, nos hace cómplices de lo que no funciona y, en ocasiones, de lo que hace daño, de lo que duele, de lo que provoca sufrimiento, de lo que te impide respirar, de aquello que te lastra hasta ser incapaz de seguir, de levantarte y seguir, incluso de pedir ayuda.

El silencio cómplice anega las opciones de encontrar respiro en el lodo, en la cuneta en la que te acabas escondiendo. En ese reducto, en ese «refugio» envenenado en el que esperas, al final, el golpe; y te crees atrincherado, reduciendo el espacio físico en el que taladran tu vida, tu existencia misma.

El silencio «cómplice», el que despliega y expande el incendio iniciado con la afrenta, el escarnio y la vejación, ese que te arde en los ojos y te acaba cegando, es también el silencio de quien no mira, se desentiende, de quien no tiende la mano, no se da, no ofrece, no cuida, no defiende.

En el discurso del odio, la afrenta a la dignidad y el daño al sentido de pertenencia, los chicos pueden encontrar en la mirada del docente el espacio en que ubicar la confianza, la seguridad, la escucha, la comprensión. En ella sitúan la referencia de la protección. La vida les alcanza tan rápido que ese lugar de certidumbre representa la oportunidad de experimentar la esperanza, la garantía de ser, de poder ser, de poder estar, de poder creer.

A veces ocurre que basta mirar, escuchar y nombrar la terrible y ácida «tormenta» que confunde, abruma y abate a quien está a tu lado. A veces ocurre. Basta con preguntar y abrir el corazón. Muchos niños dibujan en su mirada la ausencia de ser, de confiar en sí, de entender que hay vida más allá. En ocasiones sucede. Y ocurre que el corazón, ese resquebrajado, termina por abrirse. Y puedes comprender. No cambia todo, pero abre una perspectiva hasta ese momento escondido, velado, casi oprimido.

Testimonio

Marcos, 11 años, a su profesora María

Querida profe:

Ya casi se me han olvidado los primeros días de clase. Esos días en los que nada me salía bien. Ningún compañero me quería a su lado. Esos días en los que me reñías, con razón, por cómo me portaba en clase, por lo que gritaba, por mi mal humor; por las veces que me escapaba de clase y nadie sabía dónde encontrarme.

Ya casi no me acuerdo de lo triste que me encontraba ahí, en clase, con compañeros a los que no conocía y no quería conocer. Con los compañeros que se apartaban de mí en clase, en el recreo, cuando entrábamos o salíamos del colegio.

Ya casi no me acuerdo de la cara con la que me mirabas. Sorprendida por cómo hacía, por lo que decía, por mis pocas ganas de estar ahí.

Hasta ese día en que, al terminar las clases y antes de ir a comer, me pediste que me sentara contigo, me cogiste la mano y me dijiste: «Marcos, ¿qué es lo que te pasa? ¿Cómo puedo ayudarte? Yo quiero ayudarte. Sé que te pasa algo. He intentado hablar con tu padre, pero aún no lo he conseguido. Hoy he podido hablar con tu abuela cuando te ha acompañado al cole por la mañana».

«Me ha contado lo de tu madre y quiero que sepas que quiero comprender todo tu dolor, pero sé que seguramente ni me acerque a lo que sientes. Tu abuela me contó cómo sucedió todo, y lo mucho que te afectó. También me ha contado con quien vives ahora y lo triste que te ve».

«Marcos», me dijiste; «Marcos, mírame. Estoy aquí, contigo. Y no te voy a dejar. No te voy a abandonar». Me apretaste la mano y me abrazaste. Yo no quería que me dejaras de abrazar... «Profe», te dije. «Hace mucho que nadie me llama por mi nombre, Marcos. Ya casi ni sé cómo me llamo. En clase me llaman "ese". Que viene "ese"», los oigo decir. «Pero sé que también es mi culpa».

«Solo quiero poder hablar de mi mamá con alguien. Ya no está conmigo. Contigo sí puedo, Rosa. Y me ha ayudado mucho. Solo quiero portarme bien en clase. Y que puedas sonreírme. Que los demás me sonrían alguna vez. Y me llamen por mi nombre. Y gracias a ti puedo».

La imprescindible necesidad de saber mirar, de ver, de escuchar; también de comprometerse, implicarse, pensar en el otro, en quien siente el dolor, está triste, en quien sufre. La necesaria presencia, el apoyo, la ayuda incondicional y veraz. Honesta.

Hay palabras que duelen, miradas que pesan, risas que se clavan como espinas. Hay nombres que se callan por miedo o vergüenza, y lágrimas que caen donde nadie las ve. Pero también hay manos que surgen de la nada y llegan a tiempo, ojos que escuchan, brazos que se abren, te acogen, y se quedan, suaves, protectores, el tiempo que sea, que nos pidan. Porque el dolor no tiene por qué ser destino o final, ni la herida una sentencia o una condena. Puede haber un después, aunque apenas se presenta, ni se espere o vea. Que nunca más el silencio sea lo único que queda cuando el dolor de quien se sienta a tu lado se muestra, y surge; el propio dolor, incluso.

Bueno, hasta aquí hemos llegado. Podría seguir y seguir, pero en algún momento hay que parar, echar la vista al camino recorrido y a las primeras páginas escritas. Aunque el proceso de articulación del texto varió con el paso de los días y de las páginas, todo empezó leyendo a Dante y deteniéndome en la *Divina Comedia*. Infierno, canto III: «Perded toda esperanza, vosotros los que entráis aquí». ¿Debemos perderla? No, definitivamente, no. No es una cuestión de optimismo sin más. Se trata de la esperanza.

No es lo mismo pensar con esperanza que ser optimista. A diferencia de la esperanza, el optimismo carece de toda negatividad. Desconoce la duda y la desesperación. Su naturaleza es la pura positividad. El optimista está convencido de que las cosas acabarán saliendo bien. Vive en un campo cerrado. Desconoce el futuro como campo abierto a las posibilidades. Nada acontece para él. Nada le sorprende. Le parece que tiene el futuro a su entera disposición. Sin embargo, al verdadero futuro es inherente la indisponibilidad. El optimista nunca otea una lejanía indisponible. No cuenta con lo inesperado ni con lo imprevisible.

A diferencia del optimismo, que no carece de nada ni está camino de ningún sitio, la esperanza supone un movimiento de búsqueda. Es un intento de encontrar asidero y rumbo. Quizá sea precisamente por eso que nos lanza hacia lo desconocido, hacia lo intransitado, hacia lo abierto, hacia lo que todavía no es, porque no se queda en lo que ha sido ni en lo que ya es. Pone rumbo a lo que aún está por nacer. Sale en busca de lo nuevo, de lo totalmente distinto, de lo que jamás ha existido.

Byung-Chul Han[103]

Y, por último, un regalo de quien que me parece refleja perfectamente la sensibilidad y los miedos de alguien a quien la sociedad arrastró a ser «cabra sola», como ella decía, y a la que maltrató durante muchos años, aunque ella supiera sobreponerse con tiempo y esfuerzo.

> Asusta que la flor se pase pronto.
> Asusta querer mucho y que te quieran.
> Asusta ver a un niño cara de hombre,
> asusta que la noche...
> que se tiemble por nada,
> que se ría por nada asusta mucho.
> Asusta que la paz por los jardines
> asome sus orejas de colores,
> asusta porque es mayo y es buen tiempo,
> asusta por si pasa, sobre todo,
> asusta lo completo, lo posible,
> la demasiada luz, la cobardía,
> la gente que se casa, la tormenta,
> los aires que se forman y la lluvia.
> Los ruidos que en la noche nadie hace

Epílogo

—la silla vacía siempre cruje—,
asusta la maldad y la alegría,
el dolor, la serpiente, el mar, el libro,
asusta ser feliz, asusta el fuego,
sobrecoge la paz, se teme algo,
asusta todo trigo, todo pobre,
lo mejor no sentarse en una silla.

«Todo asusta», GLORIA FUERTES[104]

Recursos de interés

**Planes y protocolos contra el acoso escolar
en las comunidades autónomas**

A continuación, se detallan las referencias institucionales de más interés sobre los planes y protocolos contra el acoso escolar diseñados e implementados por las diferentes comunidades autónomas de nuestro país. De acceso sencillo a través de sus sites web, así como la información recogida en los registros digitales del Ministerio de Educación y Formación Profesional.

Ministerio de Educación y Formación Profesional. https://www. educacionfpydeportes.gob.es/mc/sgctie/convivencia-escolar/ recursos-nuevo/guias/acoso.html
Gobierno de Aragón. https://educa.aragon.es/-/convivencia-web-basico-enlaces
Junta de Andalucía. https://www.juntadeandalucia.es/educa cion/portals/web/convivencia-escolar/protocolos-de-actua cion-en-casos-de-acoso
Junta de Comunidades de Castilla-La Mancha. https://www. educa.jccm.es/es/acosoescolar

Junta de Castilla y León. https://www.educa.jcyl.es/conviven ciaescolar/es/acoso-buen-trato

Gobierno de Cantabria. https://www.educantabria.es/diversidad/ convivencia

Generalitat de Cataluña. https://bullying.cat/protocols/?lang =es

Asturias. https://www.educastur.es/-/instrucciones-de-aplica ci %C3 %B3n-del-protocolo-de-actuaci %C3 %B3n-ante-situaciones-de-posible-acoso-escolar

Gobierno de Canarias. https://www.gobiernodecanarias.org/ educacion/web/servicios/prevencion-acoso-escolar/que-es-el-acoso-escolar/

Junta de Extremadura. https://www.educarex.es/pub/cont/ com/0033/documentos/procolo_acoso.pdf

Xunta de Galicia. https://galeduca.es/formacion-infantil-y-juve nil/acoso-escolar/

Gobierno de las Islas Baleares. https://pdabullying.com/es/re source/protocolo-islas-baleares

Comunidad de Madrid. https://www.educa2.madrid.org/web/ convivencia/acoso-escolar

Gobierno Vasco. https://bizikasi.euskadi.eus/es/acoso-escolar

Gobierno de Navarra. https://convivencia.educacion.navarra.es/ acoso-y-ciberacoso

Consultar también: Programa de prevención e intervención ante el acoso escolar. https://www.educacion.navarra.es/docu ments/27590/1054960/Laguntza.pdf/882ed39b-e37a-44a9-b90f-5c98ea2f05c5

Gobierno de la Región de Murcia. https://www.carm.es/web/pa gina?IDCONTENIDO=70609&IDTIPO=100&RASTRO =c298$m4001,5316

Gobierno de La Rioja. https://www.larioja.org/edu-aten-diversi dad/es/protocolos/protocolo-acoso-escolar

Comunidad Valenciana. https://ceice.gva.es/es/web/inclusio educativa/assetjament-escolar

Normativa y programas sobre convivencia en los centros educativos

A continuación, se detallan las referencias de más interés sobre normativa, planes y programas para la promoción de la convivencia en los centros educativos de las diferentes comunidades autónomas de nuestro país. De acceso sencillo a través de sus webs, así como la información recogida en los registros digitales del Ministerio de Educación y Formación Profesional.

Ministerio de Educación y Formación profesional. https://www. educacionfpydeportes.gob.es/mc/sgctie/convivencia-escolar. html

Junta de Andalucía: Convivencia escolar. https://www.junta-deandalucia.es/educacion/portals/web/convivencia-escolar/plan-de-convivencia

Gobierno de Aragón. https://educa.aragon.es/-/convivencia-web-basico-enlaces

Gobierno del Principado de Asturias. https://www.educastur.es/inclusioneducativa/convivencia

Gobierno de Canarias. https://www.gobiernodecanarias.org/educacion/web/servicios/convivencia_escolar/

Gobierno de Cantabria. https://www.educantabria.es/diversidad/convivencia

Generalidad de Cataluña: Regulación de la Convivencia. https://xtec.gencat.cat/ca/centres/projeducatiu/convivencia/normativa/

Castilla la Mancha. https://www.educa.jccm.es/es/sistema-edu cativo/estrategia-exito-educativo-castilla-mancha/convi vencia

Junta de Castilla y León. https://www.educa.jcyl.es/es/decreto derechos

Junta de Extremadura. https://www.educarex.es/convivencia/normativa.html

Xunta de Galicia. https://www.xunta.gal/dog/Publicados/2015/20150127/AnuncioG0164-220115-0001_es.html

Gobierno de las Islas Baleares. https://www.caib.es/sites/convivexit/es/portada/

Comunidad de Madrid: Decreto 32/2019, de 9 de abril, del Consejo de Gobierno, por el que se establece el marco regulador de la convivencia en los centros docentes de la Comunidad de Madrid. https://gestiona.comunidad.madrid/wleg_pub/secure/normativas/contenidoNormativa.jsf?opcion=Ver Html&nmnorma=10718&eli=true#no-back-button

Comunidad de Madrid (2020). La elaboración del plan de convivencia en los centros educativos guía de recursos y procedimientos para su elaboración. https://www.madrid.org/bvir tual/BVCM050094.pdf

Comunidad de Madrid (2016). Recursos para la elaboración de programas contra el acoso escolar en los centros educativos. https://www.madrid.org/bvirtual/BVCM016359.pdf

Comunidad Autónoma de la Región de Murcia. https://www.carm.es/web/pagina?IDCONTENIDO=4105&IDTIPO=100&RASTRO=c792$m4001,5316

Gobierno de Navarra. https://www.lexnavarra.navarra.es/deta lle.asp?r=8957#Pre %C3 %A1mbulo. http://www.lexnava rra.navarra.es/detalle.asp?r=9755

Gobierno de la Rioja. https://www.larioja.org/edu-aten-diversi dad/es/materiales-recursos/materiales-convivencia/guias-convivencia

Generalitat Valenciana. https://dogv.gva.es/datos/2022/11/16/pdf/2022_10681.pdf

Gobierno Vasco. https://www.euskadi.eus/ambito-de-actua cion-convivencia-convivencia-positiva/web01-a3hbconv/es/

Otros recursos de especial relevancia

Las referencias que a continuación se detallan aportan una información complementaria, de muy fácil accesibilidad en la web sobre materiales y recursos de interés en el contexto de profundización sobre el fenómeno de la violencia, el acoso entre iguales y ciberacoso en los contextos educativos:

Agencia Española de Protección de Datos. Recomendaciones para prevención del acoso digital. https://www.aepd.es/pren sa-y-comunicacion/blog/recomendaciones-prevencion-aco so-digital

Andrade, B., Guadix, I., Rial, A. y Suárez, F. (2021). *Impacto de la tecnología en la adolescencia. Relaciones, riesgos y oportunidades*. Madrid: Unicef España. https://www.unicef.es/publica cion/impacto-de-la-tecnologia-en-la-adolescencia

Márquez, J. M., Andrade, B., Guadix, I., Suarez, F., Rodríguez, F.J. y Rial, A. (2025). *Impacto de la tecnología en la adolescen-*

cia. Relaciones, riesgos y oportunidades. Madrid: Unicef España. Universidad de Santiago de Compostela. Consejo General de Ingeniería en Informática y Entidad Pública Empresarial Red.es. 20251101_Informe_AlumnadoDigitalREC_print_VF.pdf

A golpe de timbre #9. Hablando de acoso escolar. https://educadores21.com/a-golpe-de-timbre-9-hablando-de-acoso-escolar-con-jose-antonio-luengo/

Aldeas Infantiles y El Mundo. *Tenemos mucho que decir: «Ley del silencio» y acoso escolar, un tándem que hay que desarmar.* https://tenemosmuchoquedecir.elmundo.es/ley-del-silencio-y-acoso-escolar-un-tandem-que-hay-que-desarmar.html

Aldeas Infantiles SOS de España. Campaña contra el acoso escolar #StopSilencio. https://www.youtube.com/watch?v=cPuT1KLYhQE

Aldeas Infantiles SOS. Series y películas para concienciar a niños y jóvenes sobre el acoso escolar. https://www.aldeasinfantiles.es/blog/series-y-peliculas-sobre-el-acoso-escolar

Asociación Española para la prevención del acoso escolar (2024). *El protocolo del sistema educativo contra el acoso escolar mata.* https://aepae.es/protocolo-sistema-educativo-acoso-escolar-mata

BBVA. *Aprendemos juntos* (2018). *Cómo actuar frente al acoso escolar.* https://aprendemosjuntos.bbva.com/especial/como-actuar-frente-al-acoso-escolar-jose-antonio-luengo/.

Consultar también: Revista del Colegio de Doctores y Licenciados (2022). Núm. 301. Junio, 2022. Págs. 16-18. https://cdlmadrid.org/wp-content/uploads/2022/06/LUENGO.pdf

BBVA. *Aprendemos juntos* (2019): formar a los jóvenes contra el acoso escolar. https://www.youtube.com/watch?v=mDF0KQ1Gaqs

BBVA. *Aprendemos Juntos. El aprendizaje-servicio transforma la sociedad.* https://aprendemosjuntos.bbva.com/especial/cuando-lo-que-se-aprende-en-la-escuela-mejora-tu-barrio-juan-de-vicente-abad/

BBVA. *Aprendemos Juntos. Educación para la convivencia y resolución de conflictos.* Nélida Zaitegi, pedagoga. https://www.youtube.com/watch?v=nNOdDtwY1uM

BBVA: *Aprendemos Juntos. Una educación emocional para la convivencia y el bienestar.* Rafael Bisquerra, educador. https://www.youtube.com/watch?v=zzNas-ICNyY

BBVA. *Aprendemos Juntos. ¿Qué sienten los jóvenes sobre el acoso escolar?* Con Nélida Zaitegui | Desafíos. https://www.youtube.com/watch?v=a3Yluu-MKEU

BBVA. *Aprendemos Juntos «Qué es la empatía y cómo desarrollarla en los niños.* Rafael Guerrero. https://www.youtube.com/watch?v=EPqOEWwkXyo

Fundación Mutua Madrileña. *El arte de crear salud y bienestar* (2024). Cómo afrontar la adolescencia en la era digital https://www.fundacionmutua.es/actualidad/el-arte-de-crear/adolescencia-era-digital-jose-antonio-luengo/

Fundación Universitaria San Pablo (CEU). *Entrevista a Javier Urra. «El ciberacoso es la mayor causa de suicidio en niños».* https://www.youtube.com/watch?v=xvQZbnBztmA

Cadena 100 (2025). Javi Nieves. *Un poco de luz.* https://www.youtube.com/watch?v=f17hOJzQzyc

Cero en conducta. *Convivencia escolar.* https://www.ivoox.com/jose-antonio-luengo-psicologo-experto-convivencia-audios-mp3_rf_74620380_1.html

Comunidad de Madrid. *Consejería de Educación. Documental sobre acoso escolar.* https://www.educa2.madrid.org/web/convivencia/documental-acoso-escolar

Comunidad de Madrid (2017). *Pasos para evitar el ciberbullying.* https://www.madrid.org/bvirtual/BVCM014010.pdf

CNN (2021). *«Cómplices» un cortometraje sobre el bullying escolar basado en hechos reales.* https://cnnespanol.cnn.com/video/complices-ruben-guindo-cortometraje-bullying-intvw-guillermo-arduino-encuentro

FilmAffinity. Películas sobre el acoso escolar:

En un mundo mejor. https://www.filmaffinity.com/es/film680160.html

Uno para todos. https://www.filmaffinity.com/es/film866421.html

Un pequeño mundo. https://www.filmaffinity.com/es/film330516.html

La clase. https://www.filmaffinity.com/es/film297297.html

Invisible. https://www.filmaffinity.com/es/film856490.html

Cobardes. https://www.filmaffinity.com/es/film914461.html

Gaptain. Educación y salud digital. https://gaptain.com/

Gobierno de España. Ministerio del Interior. *Plan Director para la convivencia y mejora de la seguridad en los centros educativos y sus entornos.* https://www.interior.gob.es/opencms/es/servicios-al-ciudadano/planes-de-prevencion/plan-director-para-la-convivencia-y-mejora-de-la-seguridad-en-los-centros-educativos-y-sus-entornos/

IES Miguel Catalán (Coslada, Madrid. Guías del IES Miguel Catalán. N.º 1. Guía para facilitar círculos de diálogo (2022). https://site.educa.madrid.org/ies.miguelcatalan.coslada/wp-content/uploads/ies.miguelcatalan.coslada/2022/11/Guia-facilitacio %CC %81n-circulos-.pdf

INCIBE (Instituto de Ciberseguridad y *Ciberbullying*). https://www.incibe.es/aprendeciberseguridad/cyberbullying

López, L. y Sabater, C. (2014). *Medios audiovisuales y acoso escolar: buenas prácticas para la prevención y promoción de la convivencia,* Revista de Investigación en Educación, nº 12 (2), 2014, pp. 145-163. https://investigacion.unirioja.es/documentos/5c13b27ac8914b6ed377e462

Locura compartida: *Bullying. En un mundo mejor*. https://open.spotify.com/episode/19R5b9BeSa7RgTQKhDKQx3?si=771c22f7ed0a4060&nd=1&dlsi=b9136c463feb479b

Pantallas Amigas. P*or un uso seguro y saludable de Internet, redes sociales, móviles y videojuegos. Por una ciudadanía digital responsable.* https://www.pantallasamigas.net/

Pantallas Amigas. https://www.ciberbullying.com/cyberbullying/

PDABullying. Banco de recursos. https://pdabullying.com/es/listado-de-recursos

Plataforma Orange: *Por un uso love de la tecnología.* https://uso-lovedelatecnologia.orange.es/

Plataforma Orange: *Por un uso love de la tecnología.* Niños ciberacosadores. Lo que no sabes de tus hijos. https://www.youtube.com/watch?v=g19n5WA2cfw

Recurra-GINSO. Centro terapéutico. https://recurra.es/

Revista Educación 3.0. https://www.educaciontrespuntocero.com/recursos/acoso-escolar-o-bullying/

RTVE Play. *El silencio epidémico.* https://www.rtve.es/play/videos/informativo-24h/psicologo-educativo-jose-antonio-luengo-alerta-silencio-epidemico-lucha-contra-acoso-escolar/6727499/

Sapos y Princesas (El Mundo). *Películas para frenar el «bullying» y la violencia en las aulas.* https://saposyprincesas.elmundo.es/cine-ninos/peliculas-contra-la-violencia-en-las-aulas

Telefónica. *Ciberacoso.* https://www.telefonica.com/es/tag/ciberacoso/

Teléfono contra el acoso escolar. https://www.educacionfpydeportes.gob.es/mc/sgctie/acoso-escolar.html

Tik-Tok Acoso escolar. https://www.tiktok.com/tag/acosoescola

Referencias

Alcántara, S. C., González-Carrasco, M., Montserrat, C., Viñas, F., Casas, F. y Abreu, D. P. (2017). Peer violence in the school environment and its relationship with subjective well-being and perceived social support among children and adolescents in Northeastern Brazil. Journal of Happiness Studies, 18(5), 1507-1532. https://doi.org/10.1007/s10902-016-9786-1.

Alcindor-Huelva, P. *et al.* (2019). Acoso escolar, conductas autolesivas, ideación, e intentos autolíticos en una muestra clínica de un centro de salud mental. https://doi.org/10.31766/revpsij.v36n4a3.

Álvarez Marín, I., Pérez-Albéniz, A., Lucas-Molina, B., Martínez Valderrey, V. y Fonseca-Pedrero, E. (2022). Acoso escolar en la adolescencia: impacto en el ajuste socio-emocional y conductual. Revista de Psicodidáctica. Volume 27, Issue 2, July-December 2022, Pages 141-148. https://doi.org/10.1016/j.psicod.2022.02.002

Ameli, V., Meinck, F., Munthali, A., Ushie, B. y Langhaug, L. (2017). Associations between adolescent experiences of violence in Malawi and gender-based attitudes internalizing and externalizing behaviors. Child Abuse & Neglect, 67, 305-14. https://doi.org/10.1016/j.chiabu.2017.02.027

Arango, C., Opperman, K., Gipson, P. y King, Ch. (2016). Ideación suicida e intentos de suicidio entre los jóvenes que informan victimización por acoso, perpetración de acosadores y/o baja conexión social. Journal of Adolescence. Volume 51, August 2016, Pages 19-29. https://doi.org/10.1016/j.adolescence.2016.05.003

Arango A. *et al.* (2024). A web-enabled, school-based intervention for bullying prevention (LINKlusive): a cluster randomised trial. The Lancet. https://www.thelancet.com/journals/eclinm/article/PIIS2589-5370(24)00006-3/fulltext

Azcárate, M.A. (2007). Trastorno de estrés postraumático: daño cerebral secundario a la violencia (Mobbing, violencia de género, acoso escolar). Ediciones Díaz de Santos.

Avilés, J.M. (2013). Análisis psicosocial del ciberbullying: claves para una educación moral. Papeles del Psicólogo, 2013. Vol. 34(1), pp. 65-73.

Avilés, J.M. (2015). Proyecto antibullying. Prevención del bullying y el ciberbullying en la comunidad educativa. CEPE.

Azúa, E., Rojas, P. y Ruiz, S. (2022). Acoso escolar (bullying) como factor de riesgo de depresión y suicidio. Rev. Chil Pediatr. 2020;91(3):432-439dOI: 10.32641/rchped. v91i3.1230. https://andespediatrica.cl/index.php/rchped/article/view/1230/1754

Balluerka, N., Aliri, J., Goni-Balentziaga O. y Gorostiaga, K. (2023). Association between bullying victimization, anxiety and depression in childhood and adolescence: The mediating effect of self-esteem. Revista Psicodidáctica. Volume 28, Issue

1, January-June 2023, Pages 26-34. https://doi.org/10.1016/j.psicod.2022.10.001

Barrio, V. Del (2004): El joven violento, en Sanmartín, o.c., 251-266. (2016): Ramón y Cajal: una solución al acoso escolar, Oporto, XXIX Simposio anual de la Sociedad Española de Historia de la Psicología, Universidad Portucalense, mayo 2016.

Bartolomé, R. y Díaz, E. (2020). Apoyo social y autopercepción en los roles del acoso escolar. Anales de psicología / annals of psychology 2020, vol. 36, nº 1 (enero), 92-101. https://doi.org/10.6018/analesps.301581

Bartolomé, R. y Díaz, E. (2020). Apoyo social y autopercepción en los roles del acoso escolar. Anales de Psicología, 36(1), 92-101. https://doi.org/10.6018/analesps.301581

Batllé, R. y Escoda, E. (Coords.) 2019. 100 buenas prácticas de aprendizaje-servicio. Inventario de experiencias educativas con finalidad social. Santillana. https://redaps.wordpress.com/wp-content/uploads/2019/12/100-buenas-prc3a1cticas-de-aprendizaje-servicio-102342.pdf

Bautista, G., Fregoso, D., Vera, J.A. y Pérez, M. (20229. Desconexión Moral, Prácticas Parentales y Percepción del Observador de Violencia. Acta de investigación psicol vol.11 nº. 2 Ciudad de México ago. 2021. Epub 14-Ene-2022. https://doi.org/10.22201/fpsi.20074719e.2021.2.382

BBVA. Aprendemos juntos (2018). Cómo actuar frente al acoso escolar https://aprendemosjuntos.bbva.com/especial/como-actuar-frente-al-acoso-escolar-jose-antonio-luengo/
Consultar también: Revista del Colegio de Doctores y Licenciados (2022). Núm. 301. Junio, 2022. Págs. 16-18. https://cdlmadrid.org/wp-content/uploads/2022/06/LUENGO.pdf

BBVA. Aprendemos juntos (2019): formar a los jóvenes contra el acoso escolar. https://www.youtube.com/watch?v=mDF0KQ1Gaqs

BBVA. Aprendemos Juntos. El aprendizaje-servicio transforma la sociedad. https://aprendemosjuntos.bbva.com/especial/cuando-lo-que-se-aprende-en-la-escuela-mejora-tu-barrio-juan-de-vicente-abad/

Bravo, A., Ortega-Ruiz, R., & Romera, E. M. (2024). Bullying victimization trajectories: Associations with changes in social status dimensions within the classroom group. Psicothema, 36(3), 207-216. https://doi.org/10.7334/psicothema2023.56

Buelga-Vázquez, S., Cava-Caballero, M. J., Moreno-Ruiz, D., & Ortega-Barón, J. (2022). Ciberbullying y conducta suicida en alumnado adolescente: Una revisión sistemática. Revista de Educación, 397, 43-67. https://doi.org/10.4438/1988-592X-RE-2022-397-513

Byung-Chul Han (2022). La sociedad del cansancio. Barcelona. Herder Editorial.

Byung-Chul Han (2023). Vida contemplativa. Barcelona. Taurus.

Carmona-Rojas, M., Ortega-Ruiz, R. y Romera, E. (2023). Bullying and cyberbullying, what do they have in common and what not? A latent class analysis. Anales de Psicología / annals of psychology 2023, vol. 39, nº 3 (october), 435-445. https://revistas.um.es/analesps/article/view/516581

Carpintero Capell, H. (2016). El acoso escolar (Bullying) en España. Consideraciones desde la Psicología. Por el Académico de Número Excmo. Sr. D. Helio Carpintero Capell. Sesión del día 11 de octubre de 2016. https://www.boe.e s/biblioteca_juridica/anuarios_derecho/abrir_pdf.php?id=ANU-M-2017-10000500042

Referencias

Castellanos, L. (2024). Inteligencia bondadosa: Cómo educar a tus hijos para que sean personas buenas y felices. Paidós.

Castells, P. (2007). Víctima y matones. Claves para afrontar la violencia en niños y jóvenes. Ediciones CEAC.

CEAPA (2013). Guía sobre acoso escolar. https://ceapa.es/wp-content/uploads/2021/03/ACOSO-ESCOLAR.pdf

CEAPA (2022). Guía sobre abuso de internet y ciberbullying. https://ceapa.es/wp-content/uploads/2022/07/Gui %CC %81a-abuso-de-internet-y-ciberbulling.pdf

CERMI (2017). Guía para prevenir el acoso escolar por razones de discapacidad. http://riberdis.cedid.es/bitstream/handle/11181/5272/Gu %c3 %ada_prevenir_acoso_escolar.pdf?sequence=1&rd=003114615999479

COGAM (2020). Prevención del acoso LGTBFOBO. https://www.cogam.es/wp-content/uploads/2020/03/GuiaEducacion_AltaSinMarcas.pdf

Defensor del Pueblo (2000). Violencia escolar: el maltrato entre iguales en la Educación Secundaria Obligatoria. https://www.defensordelpueblo.es/wp-content/uploads/2015/05/2000-01-Violencia-escolar-el-maltrato-entre-iguales-en-la-educaci %C3 %B3n-secundaria-obligatoria.pdf

Defensor del Menor en la Comunidad de Madrid (2005). El maltrato entre escolares: Guía para padres. Recuperado de: https://www.madrid.org/bvirtual/BVCM013882.pdf

Defensor del Menor en la Comunidad de Madrid (2005). El maltrato entre escolares: Guía para jóvenes. Recuperado de: https://www.madrid.org/bvirtual/BVCM013881.pdf

Defensor del Menor en la Comunidad de Madrid (2007). Protocolos de respuesta para equipos directivos y profesorado ante situaciones problemáticas en los centros educativos. Recupe-

rado de: https://www.madrid.org/bvirtual/BVCM013907.
pdf

Defensor del Menor en la Comunidad de Madrid (2011). Ciberbullying: Guía de recursos para centros educativos en casos
de ciberacoso. https://www.madrid.org/bvirtual/BVCM0139
09.pdf

Defensor del Pueblo (2007). Violencia escolar: el maltrato entre
iguales en la Educación Secundaria Obligatoria 2000-2006.
https://www.defensordelpueblo.es/wp-content/uploads/
2015/05/2007-01-Violencia-escolar-el-maltrato-entre-iguales-
en-la-Educaci %C3 %B3n-Secundaria-Obligatoria-1999-
2006.pdf

Delgado Moral, C. (2017). La responsabilidad patrimonial de la
administración pública por daños derivados del acoso escolar y
del ciberacoso. Revista «Avances en supervisión educativa»,
n.º 28, diciembre 2017. https://doi.org/10.23824/ase.v0i28.598

De la Fuente, Peralta y Sánchez (2006). Valores sociopersonales
y problemas de convivencia en la Educación Secundaria. Revista Electrónica de Investigación Psicoeducativa, Nº 9. Vol.
4 (2), 2006. ISSN: 1696-2095 pp. 171- nn. https://www.re
dalyc.org/pdf/2931/293122821003.pdf

Del Rey, R. y Ortega-Ruiz, R (2007). Escuela Abierta, 2007, 10,
77-89. https://www.researchgate.net/publication/28203
713_Violencia_escolar_claves_para_comprenderla_y_afron
tarla.

Del Rey, R., Estévez, M., & Ojeda, M. (2018). El ciberbullying
y su respuesta educativa. En Jiménez, Garmendia, Casado,
Entre selfies y whatsapps. Oportunidades y riesgos para la infancia y la adolescencia conectada, (125-139). Gedisa. https://
www.gedisa.com/gacetillas/500464.pdf

Referencias

El Mundo. Proyecto 11 vidas. https://lab.elmundo.es/prevencion-suicidio/index.html

EMICI (2010). https://www.protocolo-ciberbullying.com/

Escuelas Católicas (2017). Guía para actuar en caso de acoso escolar. https://www.eccastillayleon.org/wp-content/uploads/2013/09/Guia-para-actuar-en-caso-de-acoso-escolar.pdf

FELGTBI+ (2024). Estado de la Educación LGTBI+ 2024. https://felgtbi.org/wp-content/uploads/2024/09/Estado-de-la-educacion-LGTBI-2024_FINAL.pdf

Fernández-Hermida, J. R., & Villamarín-Fernández, S. (Eds.) (2021). Libro Blanco de la Salud Mental Infanto-Juvenil. Volumen 1. Consejo General de la Psicología de España.

Fiscalía General del Estado (2005). Instrucción 10/2005, de 6 de octubre, sobre el tratamiento del acoso escolar desde el sistema de justicia juvenil. https://www.boe.es/buscar/abrir_fiscalia.php?id=FIS-I-2005-00010.pdf

Fundación Mutua Madrileña y Fundación ANAR. (2022). IV Informe de Prevención del Acoso Escolar en Centros Educativos. https://www.anar.org/wp-content/uploads/2022/09/IV-Informe-acoso-escolar-en-centros-educativos_Embargado.pdf

Fundación ANAR y Mutua Madrileña (2024). «La opinión de los estudiantes» sobre acoso escolar. VI Informe «La opinión de los estudiantes» sobre acoso escolar. https://www.anar.org/informe/vi-informe-la-opinion-de-los-estudiantes/

Fundación ANAR y Mutua Madrileña (2025). «La opinión de los estudiantes» sobre acoso escolar. VII Informe «La opinión de los estudiantes» sobre acoso escolar. https://www.fundacionmutua.es/actualidad/noticias/septimo-informe-sobre-acoso-escolar-segun-los-estudiantes/

Fundación Mutua Madrileña. El arte de crear salud y bienestar (2024). Cómo afrontar la adolescencia en la era digital https://www.fundacionmutua.es/actualidad/el-arte-de-crear/adolescencia-era-digital-jose-antonio-luengo/

Garaigordobil, M y Martínez, V. (2014). Ciberprogram (2.0). Programa de intervención para prevenir y reducir el ciberbullying. Pirámide.

García-Martínez, S., García-Zabaleta E. (2024). El acoso escolar en España: revisión y análisis de los protocolos de actuación por comunidades autónomas contextos educativos, 33 (2024): 193-217. http://doi.org/10.18172/con.5765

Gil, B. (2015). Intervención cognitivo-conductual con el niño agresor en un caso de acoso escolar. Revista de Psicología Clínica con Niños y Adolescentes, ISSN-e 2340-8340, Vol. 2, Nº. 1, 2015, págs. 25-31. https://dialnet.unirioja.es/servlet/articulo?codigo=4917643

Gilbert, R., Widom, C. S., Browne, K., Fergusson, D., Webb, E., & Janson, S. (2009). Burden and consequences of child maltreatment in high-income countries. The Lancet, 373(9657), 68-81. https://doi.org/10.1016/S0140-6736(08)61706-7

Gobierno Vasco (2022). Estrategia vasca contra la violencia hacia la infancia y la adolescencia 2022-25. P. 36. https://www.euskadi.eus/contenidos/informacion/violencia_infancia/es_def/adjuntos/estrategiavasca_violenciainfantil_baja_es.pdf

Gobierno de España (2022). Ministerio de Derechos Sociales y Agenda 2030. Estrategia de erradicación de la violencia sobre la infancia y adolescencia. https://observatoriodelainfancia.mdsocialesa2030.gob.es/productos/pdf/EstrategiaErradicacionViolenciaContraInfanciaaccesibilidad.pdf

Referencias

Consultar también: https://www.juventudeinfancia.gob.
es/es/infancia/planes-estrategicos/estrategia-erradicacion-vio
lencia-contra-infancia-adolescencia

Gobiernos de España. Ministerio de Sanidad (2020): Recomendaciones para el tratamiento del suicidio por los medios de
comunicación: Manual de apoyo para sus profesionales.
https://www.sanidad.gob.es/areas/calidadAsistencial/estrate
gias/saludMental/docs/MANUAL_APOYO_MMCC_SUI
CIDIO_03.pdf

Gobierno de España. Ministerio de Sanidad (2025). Decálogo
de recomendaciones para profesionales en la comunicación
responsable sobre el suicidio. https://www.sanidad.gob.es/
areas/calidadAsistencial/estrategias/saludMental/docs/Deca
logo_recomendaciones_profesionales_comunicacion_suici
dio.pdf

Gobierno Vasco, 2022. ESTRATEGIA VASCA CONTRA LA
VIOLENCIA HACIA LA INFANCIA Y LA ADOLES-
CENCIA 2022-2025. pág. 35. https://www.euskadi.eus/
contenidos/informacion/violencia_infancia/es_def/adjuntos/
ESTRATEGIAVASCA_VIOLENCIAINFANTIL_baja_es.
pdf

Goldbach, J. T., Sterzing, P. R. y Stuart, M. J. (2017). Challen-
ging conventions of bullying thresholds: Exploring differen-
ces between low and high levels of bully-only, victim-only,
and bully-victim roles. Journal of youth and adolescence,
47(3), 586-600. https://doi.org/10.1007/s10964-017-
0775-4

González-Cabrera, J. *et al.* (2019). Estudio exploratorio sobre
acoso escolar en alumnado con altas capacidades: prevalencia
y afectación psicológica. Revista de Educación, 386. Octu-

bre-Diciembre, 2019, pp. 187-214. https://www.educacion
fpydeportes.gob.es/revista-de-educacion/numeros-revista-
educacion/numeros-anteriores/2019/386/386-8.html

Graell, M. (2024) El desafío de la adolescencia: Guía para padres
y educadores. Espasa.

Hobbes, T., Leviatán. Nueva York, Oxford University Press,
1651/1957) (trad. Cast.: Leviatán. Madrid, Alianza, 2011).

Holt *et al.* (2015), Suicidal ideation and behaviors among youth
involved in bullying. Pediatrics. 2015 Jan 5;135(2):e496-
e509. doi: 10.1542/peds.2014-1864

Horno, P. y Romeo, F.J. (2017). Las familias ante el acoso escolar. En Jóvenes: bullying y ciberbullying. Revista Injuve, nº
117. Cap. 7 (139-152). https://www.injuve.es/sites/default/
files/2017/42/publicaciones/documentos_7._las_familias_
ante_el_acoso_escolar.pdf

INCIBE. Ciberacoso escolar. https://www.incibe.es/menores/
tematicas/ciberacoso

INFOCOP (2021). Aprendiendo a perdonar como prevención
del acoso escolar. https://www.infocop.es/aprendiendo-a-
perdonar-como-prevencion-del-acoso-escolar/

INFOCOP (2023). Estrategias eficaces para la prevención del
acoso escolar. https://www.infocop.es/estrategias-eficaces-pa
ra-la-prevencion-del-acoso-escolar/

    Consultar también: Preventing Bullying: Guidelines for
Administrators and Crisis Teams. https://www.infocop.es/
wp-content/uploads/2023/07/Preventing-bullying_guideli
nes-for-administrators-and-crisis-teams_2019_Final.pdf

INFOCOP (2024). El silencio frente al acoso escolar impacta en
la salud mental. https://www.infocop.es/el-silencio-frente-al-
acoso-escolar-impacta-en-la-salud-mental/

Referencias

INTEF (Aula en abierto) Promoción de la Convivencia Positiva en el Centro. https://formacion.intef.es/aulaenabierto/mod/book/view.php?id=4293&chapterid=5509

INTERED. La pedagogía de los cuidados en el ámbito educativo https://intered.org/es/participa/noticias/la-pedagogia-de-los-cuidados-en-el-ambito-educativo

Jiménez, A. (2025). Acoso escolar y suicidio. Psiquiatría Biológica. Volume 32, Issue 1, January-March 2025. Article 100521. https://www.sciencedirect.com/science/article/pii/S1134593424000812?via %3Dihub

Junta de Castilla y León. Las prácticas restaurativas como modelo de actuación. https://www.educa.jcyl.es/convivenciaescolar/es/novedades/practicas-restaurativas-modelo-actuacion

KIVa España. https://espanaes.kivaprogram.net/

Consultar también: https://www.macmillaneducation.es/wellschool/kiva/

Lorenzo, S. T. (2021). Tratamiento educativo judicial del acoso escolar en menores de 18 años. Avances En Supervisión Educativa, (36). https://doi.org/10.23824/ase.v0i36.724

Kwon, D. (2022). La alargada sombra del trauma. Mente y Cerebro, 114, 46-55.

Labrador Rodríguez, T., Toscano Cruz, M. O., Conde Vélez, S. y Boza Carreño, Á. (2023). psicológicos y secuelas en estudiantes de Educación Primaria víctimas de Factores acoso escolar. Revista Española de Orientación y Psicopedagogía, 34(1), 141-158. https://doi.org/10.5944/reop.vol.34.num.1.2023.37422

Larrañaga, N., Martínez-Fernández, G., Olveira, R., & Garitaonandia, C. (2022). La actitud de los progenitores ante el ciberbullying que viven sus hijos e hijas. RELIEVE, 28(2), art. 4. http://doi.org/10.30827/relieve.v28i2.24075

Lereya, S. T., Copeland, W. E., Zammit, S., & Wolke, D. (2013). Bullying victimization and risk of self-harm in early adolescence: Longitudinal cohort study. BMJ, 346, f2685. https://pubmed.ncbi.nlm.nih.gov/25825225/

Lereya *et al.* (2015). Adult mental health consequences of peer bullying and maltreatment in childhood: two cohorts in two countries. Lancet Psychiatry 2015; 2: 524-31. https://www.thelancet.com/action/showPdf?pii=S2215-0366 %2815 %2900165-0

Lobato, S., (2019). El acoso y ciberacoso escolar en alumnado con discapacidad. https://biblioteca.fundaciononce.es/publicaciones/colecciones-propias/publicaciones-participadas/el-acoso-y-ciberacoso-escolar-en

López Herrerías, J. A. (2021). «Pedagogía de la bondad. El Popular.

Lucas-Molina, B., Pérez-Albéniz, A., Solbes-Canales, C., Ortuño-Sierra, J. y Fonseca-Pedrero, E. (2022). Bullying, Cyberbullying and Mental Health: The Role of Student Connectedness as a School Protective Factor. Psychosoc Interv. 2022 Jan 1;31(1):33-41. https://pmc.ncbi.nlm.nih.gov/articles/PMC10268552/

Lucas-Molina, B., Pérez-Albéniz, A y Fonseca-Pedrero, E. (2022). The Healthy Context Paradox: When Reducing Bullying comes at a Cost to Certain Victims. Cambridge University Press. https://www.cambridge.org/core/journals/spanish-journal-of-psychology/article/abs/healthy-context-paradox-when-reducing-bullying-comes-at-a-cost-to-certain-victims/187FF0B69F98EC764A644E55289C6B13

Lucas-Molina, B., Pérez-Albéniz, A., Solbes-Canales. I., Ortuño-Sierra. J. y Fonseca-Pedrero, E. (2022). Bullying, cyberbullying and mental health: the role of student connectedness as a school protective factor. Psychosocial Intervention vol.31 no.1 Madrid ene. 2022, Epub 17-Ene-2022. https://dx.doi.org/10.5093/pi2022a1

Luengo, J.A. (2005): «Los problemas de la infancia, hoy». Revista Aula de Infantil, págs. 31-35. Graó. Barcelona. Enero-febrero, 2005.

Luengo, J. A. (2006). Maltrato entre iguales y promoción de la convivencia en los centros educativos. Análisis y perspectiva desde la Institución del Defensor del Menor en la Comunidad de Madrid. Avances En Supervisión Educativa, (2). https://avances.adide.org/index.php/ase/article/view/200

Luengo, J.A. (2008). Menores y exclusión social: cuando estar fuera se convierte en cotidiano (De la pobreza y marginalidad, el fracaso escolar y el acceso a bandas juveniles. Revista del Ministerio de Trabajo y Asuntos Sociales: Revista del Ministerio de Trabajo e Inmigración, ISSN 1137-5868, Nº 75, 2008, págs. 95-116. https://dialnet.unirioja.es/servlet/articulo?codigo=2739398

Consultar texto completo en: Antonio Augusto Cançado Trindade y César Barros Leal. Coordinadores (2022) Los derechos humanos de los vulnerables, marginados y excluidos. VIII Curso Brasileño Interdisciplinario en Derechos Humanos. Págs. 189-219. https://ibdh.org.br/wp-content/uploads/2016/02/2022-LOS-DERECHOS-HUMANOS-DE-LOS-VULNERABLES-MARGINADOS-Y-EXCLUIDOS.pdf#page=190

Luengo, J.A. (2014) Ciberbullying. Prevenir y actuar. Colegio Oficial de la Psicología de Madrid. https://www.copmadrid.org/webcopm/recursos/CiberbullyingB.pdf

Luengo, J.A. y Domínguez, I.M. (2015). Discapacidad, infancia y acoso. En Discapacidad e Infancia (199-246). Consejo General del Poder Judicial. https://mediateca.educa.madrid.org/documentos/aqagps7l99enlfei

Luengo, J. A. (2016 a). Contra la violencia y el acoso entre iguales. El reto de la convivencia. En Save the Children. https://www.savethechildren.es/actualidad/contra-la-violencia-y-acoso-entre-iguales-o-el-reto-de-la-convivencia-pacifica

Luengo, J.A. (2016 b). Acoso entre iguales (15): lo que ya sabemos sobre el fenómeno. La ley del péndulo. Blog Educación y desarrollo social. Educación y desarrollo social: Acoso entre iguales (15): lo que ya sabemos sobre el fenómeno. La ley del péndulo.

Luengo, J.A. y Moreno, J.M. (2017 a). La mejora de la Convivencia Democrática. Mejoras educativas en España, Anaya, pp. 75-86.

Luengo, J.A. (2017 b). Promover la convivencia en los centros educativos: el protagonismo del alumno. En Jóvenes, bullying y ciberbullying. Revista Injuve, nº 115. Págs. 97-114. https://www.injuve.es/sites/default/files/2017/42/publicaciones/documentos_5._promover_la_conviviencia_en_los_centros_educativos.pdf

Luengo, J.A. (Coord.) (2017 c). Los equipos de ayuda en convivencia y el equipo para la prevención del acoso escolar y del ciberacoso del centro educativo. https://www.madrid.org/bvirtual/BVCM016357.pdf

Luengo. J.A. (2017 d). Acoso entre iguales (17): lo que nos dicen los chicos y las chicas (algunas píldoras más). Blog Educación y desarrollo social https://blogluengo.blogspot.com/2017/04/acoso-entre-iguales-17-lo-que-nos-dicen.html

Luengo, J.A. (2018). Acoso entre iguales, las características de un fenómeno real: Líneas básicas de intervención. Revista Supervisión 21. ENERO 2018 nº 47. https://usie.es/wp-content/uploads/2018/01/SP21-47-Art %C3 %ADculo-Acoso-entre-iguales.-Luengo-Latorre.pdf

Luengo, J.A. (2019 a). Acoso escolar: el contexto social del fenómeno y los conceptos esenciales. En El acoso escolar y la convivencia en los centros educativos: Guía para el profesorado y las familias. Consejo Escolar de la Comunidad de Madrid. P. 16-60. https://www.madrid.org/bvirtual/BVCM016443.pdf

Luengo, J.A. (2019 b). El acoso escolar y la convivencia en los centros educativos: Guía para el profesorado y las familias. Consejo Escolar de la Comunidad de Madrid. https://www.madrid.org/bvirtual/BVCM016443.pdf

Luengo, J.A. (2022 a). Prevención del suicidio en la adolescencia: cuidar la acción, porque no todo vale. Blog de la Psicología del Colegio Oficial de la Psicología de Madrid. https://blogpsicologia.copmadrid.org/prevencion-del-suicidio-en-la-adolescencia-cuidar-la-accion-porque-no-todo-vale/

Luengo, J.A. (2022 b). Salud mental y centros educativos: el valor de las distancias cortas. Blog de la Psicología del Colegio Oficial de la Psicología de Madrid. https://blogpsicologia.copmadrid.org/salud-mental-y-centros-educativos-el-valor-de-las-distancias-cortas/

Luengo, J.A. (2023). El dolor adolescente. Barcelona. Plataforma editorial.

Luengo, J.A. (2025 a). La bondad de última generación, la tribu y la lucha contra el maltrato entre iguales (acoso escolar). Blog Educación y desarrollo social. https://blogluengo.blogspot.com/2018/03/la-bondad-de-ultima-generacion.html

Luengo, J.A. (2025 b). Los modelos de prevención en la escuela. Blog de Psicología del Colegio Oficial de la Psicología de Madrid. https://blogpsicologia.copmadrid.org/los-modelos-de-prevencion-en-la-escuela/

Luengo, J.A. y Yévenes, R. (2025). Diseño de planes para la promoción del bienestar emocional en centros educativos. Consejería de Educación, Ciencia y Universidades de la Comunidad de Madrid. Procedimientos y recursos para su elaboración. https://gestiona3.madrid.org/bvirtual/BVCM051560.pdf

Magisterio (2021). Carme Picart. Martes, 25 de mayo de 2021. https://www.magisnet.com/2021/05/jose-antonio-luengo-es-un-error-limitar-el-acoso-entre-menores-al-entorno-educativo/?fbclid=IwAR2qxNMiW6YP6MgxswLZSWST9I7V04FKiFe0adOo2jwqsWDb-XQfx_V7WA0

Martí Aras, A., Agustí López, A.I., y Rodríguez Martín, A. (2025). La percepción del profesorado en formación ante el bullying y el ciberbullying. Cuadernos de RES PUBLICA en derecho y criminología, (5), 01-13. https://doi.org/10.46661/respublica.11251

Ministerio de Educación, Formación Profesional y Deportes. Observatorio Estatal de la Convivencia Escolar. https://www.educacionfpydeportes.gob.es/mc/sgctie/convivencia-escolar/observatorio.html

Real Decreto 275/2007, de 23 de febrero, por el que se crea el Observatorio Estatal de la Convivencia Escolar. https://www.boe.es/buscar/pdf/2007/BOE-A-2007-5441-consolidado.pdf

Ministerio de Educación, FP y Deportes (2022). Guía de escuelas promotoras de salud. https://www.sanidad.gob.es/areas/promocionPrevencion/entornosSaludables/escuela/docs/guia_EscuelasPromotorasdeSalud.pdf

Ministerio de Educación, FP y Deportes (2023). Estudio Estatal de la Convivencia Escolar en Educación Primaria. https://www.

educacionfpydeportes.gob.es/prensa/actualidad/2023/05/20230503-observatorioconvivencia.html

Ministerio de Educación, Formación Profesional y Deportes. Observatorio Estatal de la convivencia. Informe 2024 sobre el estado del sistema educativo. Curso 2022-2023. Págs. 185-190. https://www.libreria.educacion.gob.es/libro/informe-2024-sobre-el-estado-del-sistema-educativo-curso-2022-2023_185150/

Naciones Unidas: Observaciones generales. https://www.juventudeinfancia.gob.es/es/infancia/convencion-derechos-del-nino/observaciones-generales

Comité de los Derechos del Niño. Observación General nº 12 (2009) El derecho del niño a ser escuchado https://www.juventudeinfancia.gob.es/sites/default/files/convencion_derechos_nino/observacion-general-12-derecho-nino-ser-escuchado-2009.pdf

Comité de los Derechos del Niño. Observación General nº 13 (2011) Derecho del niño a no ser objeto de ninguna forma de violencia. https://www.juventudeinfancia.gob.es/sites/default/files/convencion_derechos_nino/observacion-general-13-derecho-nino-no-ser-objeto-ninguna-forma-de-violencia-2011.pdf

Comité de los Derechos del Niño. Observación General nº 14 (2013) sobre el derecho del niño a que su interés superior sea una consideración primordial (artículo 3, párrafo 1). https://www.juventudeinfancia.gob.es/sites/default/files/convencion_derechos_nino/observacion-general-14-principio-interes-superior-2013-.pdf

Connaughton, M. *et al.* (2024). Bullying and Early Brain Development: A Longitudinal Structural Magnetic Resonance

Imaging Study from Adolescence to Early Adulthood. bio Rxiv 2024.09.11.611600. https://doi.org/10.1101/2024.09.11.611600

Navío, M. (2023). Felices los normales. Memoria de una psiquiatra. Espasa.

National Association of School Psycghology (NASP). https://www.infocop.es/estrategias-eficaces-para-la-prevencion-del-acoso-escolar/

Observatorio de la imagen de las mujeres (2020). Sexualización de las niñas en la publicidad. https://www.inmujeres.gob.es/observatorios/observImg/informes/docs/Informe_Sexualizacion_Infantil.pdf

Observatorio de la infancia y de la adolescencia de Andalucía. Guía para madres y padres sobre la hipersexualización de niñas y niños (2022). https://www.observatoriodelainfancia.es/oia/esp/documentos_ficha.aspx?id=7999

Olweus, D. (1998). Conductas de acoso y amenazas entre iguales https://www.casadellibro.com/libro-conductas-de-acoso-y-amenaza-entre-escolares/9788471124272/603245?srsltid=AfmBOopFZ-LU_sH_9L_FRq3qopP87IT6VK1zsYBgiuubVCZoFDhd6fCO

OMS (2022). Directrices de la OMS sobre los servicios de salud escolar. https://iris.paho.org/bitstream/handle/10665.2/56726/9789275325865_spa.pdf?sequence=1&isAllowed=y

OMS (2023). Prevención del suicidio: un recurso para profesionales de los medios de comunicación. https://www.infocop.es/wp-content/uploads/2024/09/9789275327791_spa.pdf

Orovio, C.I. (2024). Psicopatología y consecuencias clínicas del acoso escolar: Una revisión sistemática según las directrices PRISMA. Revista Scientific 9(32):41-61. https://ve.scielo.

org/scielo.php?script=sci_arttext&pid=S2542-29872024
000200041

Ortega, R. y Mora-Merchán, J. A. (2008). Las redes de iguales y
el fenómeno del acoso escolar: Explorando el esquema dominio-sumisión. Infancia y Aprendizaje, 31, 515-528.

Ortega, R. Coord. (2015. Convivencia y ciberconvivencia, Ma-
chado Grupo de distribución Ed.

Palomas, A. (2024). El día que mi hermana quiso volar. Penguin
Random House Ed.

Peiró, J. M. (2025). VII CONVENCIÓN DEL CONSEJO
GENERAL DE LA PSICOLOGÍA. https://www.youtube.
com/watch?v=ds2v-Zh9kvM (min 58:51).

Peña, M. J. y Aguaded, E. (2021). Inteligencia emocional, bienestar y acoso escolar en estudiantes de Educación Primaria y
Secundaria. Journal of Sport and Health Research, 13(1), 79-
92. https://recyt.fecyt.es/index.php/JSHR/article/
view/87372

Pérez, M. (2025). La sociedad vulnerable. Ned ediciones.

Pérez-Carbonell, A., Ramos-Santana, G. y Sobrino, M (2016).
Formación del profesorado de Educación Secundaria Obligatoria para la prevención e intervención en acoso escolar. Algunos indicadores. Educar 2016, vol. 52/1 51-70. https://edu
car.uab.cat/article/view/v52-n1-perez-carbonell-ramos-san
tana-serrano/716-pdf-es

PISA (2023). Informe 2022. España, págs. 137-143. https://
www.libreria.educacion.gob.es/libro/pisa-2022-programa-
para-la-evaluacion-internacional-de-los-estudiantes-informe-
espanol_183950/

Peprah, M. *et al.* (2023). Bullying Victimization and Suicidal
Behavior among adolescents in 28 Countries and Territories:

A Moderated Mediation Model. Journal of Adolescent Health 73 (2023) 110e117. https://www.jahonline.org/action/showPdf?pii=S1054-139X %2823 %2900093-9

Planes Universitarios Grado de Formación del Profesorado: Algunos ejemplos:

UCM. https://educacion.ucm.es/estudios/grado-educacionpri
maria-plan
UAM. https://www.uam.es/uam/media/doc/1606849908216/
grado-maestro-ed-primaria-2022-23-definitivo.pdf
URJC. https://www.urjc.es/universidad/calidad/558-educa
cion-primaria#itinerario-formativo
UAH. https://www.uah.es/export/shared/es/estudios/.galleries/
Archivos-estudios/GR/Unico/AG430_2_6_1_E_G430.pdf

Planes Universitarios de Máster de Formación del Profesorado. Algunos ejemplos:

Universidad de Navarra. https://www.unav.edu/web/master-en-
profesorado-de-educacion-secundaria-obligatoria-y-bachille-
rato-f.p-y-ensenanza-de-idiomas/plan-de-estudios
Universidad de Santiago de Compostela. https://www.usc.gal/
es/estudios/masteres/ciencias-sociales-juridicas/master-uni
versitario-profesorado-educacion-secundaria-obligatoria-ba
chillerato-formacion-profesional-ensenanzas-idiomas-espe
cialidad-ciencias-experimentales-matematicas-tecnologia-in
formatica-0. https://www.us.es/estudiar/que-estudiar/ofer

ta-de-masteres/master-universitario-en-profesorado-de-edu cacion#edit-group-plani

Programa de Prevención de Bullying de Olweus (OBPP). https://clemsonolweus-org.translate.goog/olweusinfo.php?_ x_tr_sl=en&_x_tr_tl=es&_x_tr_hl=es&_x_tr_ pto=sge#:~:text=The %20Olweus %20Bullying %20Preven tion %20Program %20is %20a %20whole %20school %20 program, %2C %20positive %20interest %2C %20 and %20involvement.

Programa CONRED Andalucía para la Prevención del Acoso Escolar y el Ciberacoso en Entornos Educativos. Junta de Andalucía (2020). https://www.juntadeandalucia.es/organis mos/desarrolloeducativoyformacionprofesional/consejeria/ transparencia/planificacion-evaluacion-estadistica/planes/de talle/240680.html

Programa TEI. https://www.programatei.com/
  Consultar también: Programa TEI: el alumnado como protagonista de la prevención de la violencia y el acoso escolar. Evidencias científicas. (2021). Revista INFAD De Psicología. International Journal of Developmental and Educational Psychology. 2(2), 47-58. https://doi.org/10.17060/ijo daep.2021.n2.v2.2208

Proyecto EMO-Child. Informe 3 (2025). Observa-Infancia. TOMANDO EL PULSO A LA SALUD MENTAL Una visión desde los niños, adolescentes, padres y educadores. Tercer informe. Págs. 42-43. https://observainfancia.es/wp-con tent/uploads/2025/04/Informe3_2025.pdf

Quintana, C. L. y Rey, L. (2020). El perdón ante el acoso y el ciberacoso escolar. ¿Por qué es tan importante entrenarlo en la adolescencia? Centro de Estudios Andaluces. https://www.

centrodeestudiosandaluces.es/publicaciones/n-91-el-perdon-ante-el-acoso-y-el-ciberacoso-escolar-por-que-es-tan-impor tante-entrenarlo-en-la-adolescencia

Red Española de Aprendizaje y Servicio. https://www.aprendiza-jeservicio.net/objetivos-de-desarrollo-sostenible-y-aps/

Rodríguez, C. (2017). La jurisdicción de menores ante los casos de bullying y ciberbullying. Revista Injuve, nº 115. Págs. 31-56. Jóvenes: bullying y ciberbullying. https://www.injuve.es/sites/default/files/2017/42/publicaciones/documentos_2._la_jurisdiccion_de_menores_ante_los_casos_de_bullying_y_ciberbullying.pdf

Ramón y Cajal, S. (1923). Recuerdos de mi vida. UAM Ediciones (2016)

Requejo, M. (2019). Resiliencia en fases de posconflicto: una revisión teórica de sus métodos de implementación desde las aulas. Educación y Humanismo, 21(37), 139-157. https://doi.org/10.17081/eduhum.21.37.3474

Rojas Marcos, L. (2005). Las semillas de la violencia (2º edición). Espasa Calpe.

Roca, E. (2024). Los círculos de amistad protegen ante el bullying. Periódico Educación. https://periodicoeducacion.info/2024/01/09/los-circulos-de-amistad-protegen-ante-el-bullying/

Rojas. M. E. (2013) Tesis Doctoral: Distorsiones cognitivas y conducta agresiva en jóvenes y adolescentes: Análisis en muestras comunitarias y de delincuentes. https://docta.ucm.es/rest/api/core/bitstreams/67523605-b78c-412f-ad45-ae770a acc80b/content

Sánchez-Vázquez, A.R. (2024). Experiencias adversas en la infancia (EAI): ¿la base del iceberg del sufrimiento emocional de la población infantil y adolescente? Anales de Pediatría. Volume 101, Issue 5, November 2024, Pages 299-302. https://doi.org/10.1016/j.anpedi.2024.10.001

Save the Children (2016). Yo a eso no juego: Bullying y ciberbullying en la infancia. https://www.savethechildren.es/sites/default/files/imce/docs/yo_a_eso_no_juego.pdf. https://www.savethechildren.es/publicaciones/yo-eso-no-juego

Save the Children (2017). Guía de actuación frente al acoso y el ciberacoso para padres y madres. https://www.savethechildren.es/sites/default/files/2021-07/guia_acoso_ciberacoso_savethechildren.pdf

Save the Children (2019 a). Happy slapping. Cuando la violencia se hace viral. https://www.savethechildren.es/actualidad/happy-slapping-violencia-online-menores

Save the Children (2019 b). Violencia Viral. https://www.savethechildren.es/publicaciones/informe-violencia-viral-y-online-contra-la-infancia-y-la-adolescencia

Consultar también: Save the Children (2019). Violencia viral. https://www.savethechildren.es/actualidad/violencia-viral-9-tipos-violencia-online

Save the Children. Los entornos seguros. Una necesidad para los entornos sociales https://www.savethechildren.es/entornos-seguros-entidades-sociales

Save the Children «Entornos Seguros para las entidades sociales». https://www.savethechildren.es/entornos-seguros-entidades-sociales

Schneider, S. K., O'Donnell, L. y Smith, E. (2012). Trends in ciberbullying and schoolbullying victimization in a regional census of High School students, 2006-2012. Journal of School Health, 85, 611-620. https://doi.org/10.1111/josh.12290

Seo, H., Young-Eun, J., Moon-Doo, K. y Won-Myong, B. (2017). Factors associated with bullying victimization among Korean adolescents. Neuropsychiatric Disease and Treat ment, 13, 2429-35. https://doi.org/10.2147/NDT.S140535

Smith, P. K., Mahdavi, J., Carvalho, M., Fisher, S., Rusell, S. y Tippert, N. (2008). Ciberbullying: Its nature and impact in secondary school pupils. Journal of Child Psychology and Psychiatry, 49. 376-385.

Subdirección General de Cooperación Territorial e Innovación Educativa. https://www.educacionfpydeportes.gob.es/mc/sgctie/convivencia-escolar/en-accion/practicas-restaurativas.html

   Consultar también: Stacie Molnar-Main, Ed.D. Center for Safe Schools (2014). Integrando Prevención del Acoso Escolar con Prácticas Restaurativas en Instituciones Educativas. https://www.iirp.edu/images/DCKmKq_Lectura_3._Inte grando_Prevencion_del_Acoso_Escolar_con_Practicas_Res taurativas_en_Instituciones_Educativas.pdf

Schmitz, J. (2018). Practicas restaurativas para la prevención y gestión de conflictos en el ámbito educativo). https://www.pdabullying.com/uploads/2021/12/Practicas-restaurativas-para-la-prevencion-y-gestion-de-conflictos-en-el-ambito-educativo.pdf

Jordi Collell, J. y Escudé C. (2022) El enfoque escolar desde un enfoque restaurativo. https://bullying.cat/wp-content/uploads/2022/08/Guia-CESC-Cast.pdf

Taleb, N. (2012). Antifrágil: Las cosas que se benefician del desorden, Paidós.

Tamayo Lorenzo, S. (2021). Tratamiento educativo-judicial del acoso escolar en menores de 18 años. Diciembre 2021, Avan-

Referencias

(Referencias)

Referencias

Referencias

Referencias

ces en Supervisión Educativa. https://avances.adide.org/index.php/ase/article/view/724/733

Torrego, J. C. (Coord.) (2014). 8 ideas clave. La tutoría en los centros educativos Barcelona. Graó.

Tribunal Superior de Justicia del País Vasco (2015). Sentencia Penal nº 178/2005, Audiencia Provincial de Gipuzkoa, Sección 1, Rec 1009/2005 de 15 de Julio de 2005. https://www.iberley.es/jurisprudencia/sentencia-penal-n-178-2005-ap-gipuzkoa-sec-1-rec-1009-2005-15-07-2005-2001011

Consultar también; Blanco, M.J. (2005). Revista de Psiquiatría y Psicología del Niño y del Adolescente. 2005, 5(1): 33-40 (www.paidopsiquiatria.com) https://derechopenalmenores.es/wp-content/uploads/2020/07/Acoso-escolar-II.pdf

UCM. Nota de Prensa. (2023). I Estudio sobre el acoso escolar y el ciberacoso en España en la infancia y la adolescencia. https://www.ucm.es/i-estudio-acoso-escolar-ciberacoso-espana/

Unesco (2021). Behind the numbers: Ending school violence and bullying https://www.unicef.org/media/66496/file/Ending-violence-in-schools.pdf

Unesco (2022). Cinco pilares esenciales para promover y proteger la salud mental y el bienestar psicosocial en las escuelas y los entornos de aprendizaje: nota informativa para gobiernos nacionales. https://unesdoc.unesco.org/ark:/48223/pf0000384614_spa

Unesco (2024 a). LGBTIQ+ Youth: Bullying And Violence At School. https://www.infocop.es/wp-content/uploads/2024/05/lgbtiq-youth-bullying-and-violence-at-school.pdf

Consultar también: Los y las jóvenes LGBTIQ+ presentan mayor riesgo y tasas más altas de acoso escolar, según un informe.

https://www.infocop.es/los-y-las-jovenes-lgbtiq-presentan-mayor-riesgo-y-tasas-mas-altas-de-acoso-escolar-segun-un-informe/?cn-reloaded=1

Unesco (2024 b). Salud y educación. https://www.unesco.org/es/health-education/safe-learning-environments

Unesco (2024 c). «De todas formas, tu opinión no importa» Tendencias mundiales en libertad de expresión y desarrollo de los medios. La violencia de género facilitada por la tecnología en la era de la IA generativa. https://unesdoc.unesco.org/ark:/48223/pf0000389784

Unicef (2021). Ver para proteger. https://www.unicef.es/sites/unicef.es/files/communication/Guia_Ver_Proteger.pdf

Unicef (2022). Infancia y violencia. https://www.unicef.es/sites/unicef.es/files/communication/unicef_infancia_violencia.pdf

Unicef (2023). Causas y consecuencias del bullying o acoso escolar. https://www.unicef.es/blog/educacion/acoso-escolar

Unicef (2024 b). Guía para prevenir el acoso escolar. Conecta con la realidad de tu hijo. https://www.unicef.es/sites/unicef.es/files/recursos/acoso-escolar/Unicef-Guia-Prevenir-Acoso-Escolar-2024.pdf?ac=AC-402

Unicef (2024 a). Ciberacoso: qué es, impacto y cómo detenerlo. https://www.unicef.es/blog/educacion/ciberacoso-que-es-impacto-y-como-detenerlo

Unión Europea. Consejo de Europa. https://www.coe.int/es/web/portal/the-council-of-europe-key-facts

Instrumento de Ratificación del Convenio del Consejo de Europa para la protección de los niños contra la explotación y el abuso sexual, hecho en Lanzarote el 25 de octubre de 2007. https://www.boe.es/boe/dias/2010/11/12/pdfs/BOE-A-2010-17392.pdf

Referencias

Convenio sobre la Ciberdelincuencia. https://eur-lex.europa.eu/ES/legal-content/summary/convention-on-cybercrime.html?fromSummary=23

Estrategia del Consejo de Europa para los derechos de los niños y las niñas (2016-2021). https://rm.coe.int/estrategia-del-consejo-de-europa-para-los-derechos-de-los-ninos-y-las-/1680931c9a

Universidad Complutense de Madrid (2023). I Estudio sobre el acoso escolar y el ciberacoso en España en la infancia y la adolescencia. https://www.ucm.es/i-estudio-acoso-escolar-ciberacoso-espana/

Urra, J. (2017). La huella del dolor. Morata.

Urra, J. (2022). Cuando la salud mental quiebra. Ed. Díaz de Santos.

Urra, J. (2023). La vida íntima. Desclée De Brouwer.

Urra, J. (2024). Hijos: prevención de riesgos. Desclée de Brouwer.

Urra, J. (2024). Adolescencia. Shackleton Books.

Urra, J. (2024). Inmadurez colectiva. Dykinson.

Wolke, D., Copeland, W. E., Angold, A., & Costello, E. J. (2015). Impact of bullying in childhood on adult health, wealth, crime, and social outcomes. Psychological Science, 26(6), 877-888. https://journals.sagepub.com/doi/10.1177/0956797613481608

Notas

1. Mercedes Navío. *Felices los normales.* 2023, pág. 188.
2. Los estados miembros de la Unesco han declarado el primer jueves de noviembre como el Día Internacional contra la Violencia y el Acoso Escolar, incluido el ciberacoso, reconociendo que la violencia en las escuelas, en todas sus formas, constituye una violación de los derechos a la educación, la salud y el bienestar de los niños, niñas y adolescentes. También se señala el 2 de mayo de cada año como el Día Internacional contra el Acoso Escolar. Save the Children.
3. Aprendizaje-Servicio: https://www.educacionfpydeportes. gob.es/mc/sgctie/educacion-para-sostenibilidad/aprendizaje-servicio.html
4. Objetivos de Desarrollo Sostenible: https://www.aprendizajeservicio.net/wp-content/uploads/2024/10/Sergio-Ferrandis.-ODS-como-marco-del-APS-en-el-ambito-educativo.pdf
5. El estrés postraumático como precursor de daños en salud mental y cognición en víctimas de violencia Diversitas: Perspectivas en Psicología. Divers.: Perspect. Psicol. vol.16 no.2

Bogotá July/Dec. 2020. Epub July 01, 2020. https://revistas.usantotomas.edu.co/index.php/diversitas/article/view/6297

6. «Yo siempre me comparaba con otros, me hicieron mucho *bullying* en la escuela. Me decían *blubber* (grasa de ballena) y se burlaban porque quería actuar. Me encerraban en el armario y se reían de mí. No era la más linda y me decían que sería afortunada si me conformaba con los papeles para chicas gordas. Todo ello me hizo sentir horrenda».

7. Un poco de Luz. Temporada 2. Episodio 10. Los jóvenes y el acoso escolar. https://www.youtube.com/watch?v=f17hOJzQzyc

8. Alejandro Palomas. *El día que mi hermana quiso volar*, 2024.

9. Steven Pinker sostiene a lo largo de la obra la firme convicción de que no ha habido un modelo social que luche de manera tan resuelta y convencida contra la violencia como el actual, al menos en el denominado «norte Global». Y argumenta de forma concluyente, y muy documentada, que el fenómeno de la violencia, indudablemente presente en la actualidad, nunca ha tenido registros tan bajos desde que estos existen. En todos los ámbitos. Pero una sociedad que lucha y se expone contra los violentos y la violencia tiene la obligación de mostrarla y hacerla visible cuando surge. «Levanta las alfombras». Y de ahí puede emanar la paradójica percepción de que «estamos peor que nunca».

10. Telecinco. Redacción *NIUS*. 02 SEP 2022. «La vida es una mierda y no quiero vivir más»: las lágrimas de un niño de 11 años tras sufrir *bullying* en Mallorca. «Mierda gordo pa' ti», «Foca», así recibieron varios niños de un campamento escolar en Lloseta (Mallorca) a un pequeño de once años que

celebraba este miércoles su cumpleaños. El niño había llevado una tarta para celebrarlo y se encontró acosado, insultado. Los menores lo grabaron para reírse de él. Consultar en Otros recursos.

https://www.telecinco.es/noticias/sociedad/20220902/denuncian-caso-bullying-mallorca-acoso-no-quiero-vivir-mas-vida-mierda-nino-11-anos_18_07355032.html#google_vignette

11. El Código Civil regula la patria potestad a partir del artículo 154. La patria potestad es el conjunto de derechos, atribuciones y deberes que tienen los padres sobre los hijos no emancipados. La patria potestad corresponde a los progenitores con independencia de que estén casados entre sí o no, ya que se fundamenta en las relaciones paterno-filiales.

12. Tuenti fue creada en 2006 como red social: entre los años 2009 y 2012 fue la red social más popular entre los adolescentes y jóvenes de España, pues contaba con más usuarios españoles que Facebook, Twitter, Instagram y MySpace, más de 15 millones de usuarios registrados.

13. Otro ejemplo de daño: el daño reputacional INCIBE (2023). La reputación de un menor se ve vulnerada tras publicarse un vídeo en redes sociales.

https://www.incibe.es/linea-de-ayuda-en-ciberseguridad/casos-reales/la-reputacion-de-un-menor-se-ve-vulnerada-tras-publicarse-un-video-en-redes-sociales

14. De interés visualizar el experimento social *antibullying* de Netflix: YouTube: https://www.youtube.com/watch?v=C3rTtBkRgGs

«Por muy insignificantes que parezcan, tres palabras pueden hacer a una persona sentir muy bien». Es la reflexión de una de las alumnas de una clase de veinte estudiantes que se ofrecieron voluntarios para un experimento social de Netflix sobre el insulto con motivo del lanzamiento de la nueva temporada de *Por 13 razones*.

15. La escuela, más bien, contribuye al desarrollo y aprendizaje de patrones razonables y pacíficos de convivencia.

16. Es muy relevante, especialmente en situaciones de LGTBIfobia, la consideración del «contagio del estigma» (cualquiera que se aproxime a una persona agredida es susceptible de sufrir la misma discriminación). Consultar en Referencias: COGAM (2020). Prevención del acoso LGTBFOBO.

17. Montserrat Graell. *El desafío de la adolescencia* (2024) p. 123.

18. En Molina, A. Cadena SER (2016). El acoso escolar aumenta el riesgo de padecer trastornos mentales de adulto. https://cadenaser.com/ser/2016/07/20/sociedad/146901 3479_730248.html

19. El *bullying* deja «heridas» en el cerebro de los adolescentes: El estudio revela 49 regiones afectadas El estudio, en el que han participado 2.049 adolescentes y jóvenes de Alemania, Irlanda, Reino Unido y Francia, ha desvelado que la experiencia de vivir como víctima el acoso escolar influye en el desarrollo del cerebro, concretamente, en áreas relacionadas con la memoria, el aprendizaje y los movimientos, y lo hace de manera diferente en hombres y mujeres.

    Consultar: *El País* (2024. El acoso escolar reiterado puede afectar a 49 regiones del cerebro. https://elpais.com/salud-y-bienestar/2024-10-29/el-acoso-escolar-reiterado-puede-afectar-a-49-regiones-del-cerebro.html

20. Si bien es cierto que, en estos últimos cinco años, las cosas están cambiando... Para bien. El esfuerzo por visibilizar el fenómeno en la sociedad y el diseño y desarrollo de planes para la prevención del suicidio, tanto a nivel territorial como estatal, debe resaltarse siempre. Nunca suficiente, pero sí necesario.

    Consultar: Ministerio de Sanidad. Plan de acción para la prevención del suicidio 2025/27: https://www.sanidad.gob.es/areas/calidadAsistencial/estrategias/saludMental/docs/Plan_de_accion_para_la_prevencion_del_suicidio_2025_2027.pdf

    Consultar también: ejemplo de plan autonómico. Comunidad de Madrid. Plan de Prevención del Suicidio de la Comunidad de Madrid 2022-2026. https://www.comunidad.madrid/transparencia/informacion-institucional/planes-programas/plan-prevencion-del-suicidio-comunidad-madrid-2022-2026

21. Consultar «Vivir la vida. Guía de aplicación para la prevención del suicidio en los países» (2021). https://iris.paho.org/bitstream/handle/10665.2/54718/9789275324240_spa.pdf?sequence=1&isAllowed=y

    En la Guía (2021) y concretamente en el apartado «Desarrollar las aptitudes socioemocionales para la vida de los adolescentes» (pp. 72-77), la Organización Mundial detalla expresamente: «Para la prevención del suicidio entre los adolescentes, las directrices de la OMS destinadas a ayudar a los adolescentes a prosperar (Helping adolescents thrive (HAT)) (OMS, 2020) y el conjunto de intervenciones costo-eficaces para la salud mental (OMS, 2021) recomiendan la aplicación del desarrollo de aptitudes socioemocionales para la vida en las escuelas. Las directrices incluyen cursos de sensibilización en materia de salud mental (es decir, la instrucción sobre la salud mental) y formación sobre aptitudes (como la solución de problemas y la manera de hacer frente al estrés). En lugar de centrarse explícitamente en el suicidio, se recomienda que los programas empleen un enfoque positivo de salud mental».

22. *El País*: Los padres de Jokin. Cartas al director (2004). https://elpais.com/diario/2004/10/10/opinion/10973 59204_850215.html

23. El menor de 14 años Jokin Ceberio (más conocido como Jokin) se suicidó arrojándose desde las murallas de la localidad de Hondarribia el 21 de septiembre de 2004 a causa de las continuas burlas e insultos que recibía por parte de algunos de sus compañeros. La sentencia que juzgó su caso condenó a siete de sus compañeros por un delito contra la integridad moral y de un delito contra la salud pública, y a una de sus compañeras por una falta de maltrato de obra, pero los absolvió del delito de inducción al suicidio. Véase la sentencia 178/2005 de la Audiencia Provincial de Donostia-San Sebastián de 15 de julio de 2005 (Boj: SAP SS 946/2005) (Delgado Moral, 2017).

El joven hondarribiarra se suicidó en 2004 y el Tribunal de Guipúzcoa dio por probado que lo hizo por el *bullying* al que fue sometido por parte de sus compañeros. Ocho jóvenes fueron juzgados y siete de ellos fueron condenados a prisión en régimen abierto en un centro de menores.

Consultar también: https://www.39ymas.com/acoso-en-el-aula/ El suicidio de Jokin (In Memorian)

24. De especial interés, la obra de teatro española *Papel*, de José Padilla, una historia en torno al acoso escolar inspirada en hechos reales. https://teatrodelbarrio.com/papel/

De mucho interés, asimismo*: Señales en el patio.* Intervenciones teatrales y actividades para detectar y prevenir comportamientos relacionados con el acoso escolar y educar en igualdad. https://intervencionesteatrales.blogspot.com/

25. Pueden señalarse de especial interés como buenas prácticas informativas y de sensibilización de medios de comunicación: (1) Aldeas Infantiles y El Mundo: #tenemosmuchoquedecir. y (2) El Mundo. *Proyecto 11 vidas.* Las relaciones entre el acoso entre iguales, la conducta suicida y el tratamiento de los medios de comunicación son complejas y muy sensibles.

26. Algunos ejemplos de actuaciones. Ver en Recursos de interés: Planes y protocolos contra el acoso escolar en las Comunidades Autónomas.

27. Algunos ejemplos: Ver en Recursos de interés: Normativa y programas sobre Convivencia en los centros educativos.

28. Ley Orgánica 3/2020, de 29 de diciembre, por la que se modifica la Ley Orgánica 2/2006, de 3 de mayo, de Educación. https://www.boe.es/buscar/pdf/2020/BOE-A-2020-172 64-consolidado.pdf

29. Ley Orgánica 8/2021, de 4 de junio, de protección integral a la infancia y la adolescencia frente a la violencia. https:// www.boe.es/buscar/pdf/2021/BOE-A-2021-9347-consoli dado.pdf

30. Consultar en referencias: National Association of School Psycghology (NASP). Estrategias eficaces para la prevención del acoso escolar.

31. Ministerio de Educación, Formación Profesional y Deportes. Convivencia. https://www.educacionfpydeportes.gob. es/mc/sgctie/convivencia-escolar.html

32. Consejo Escolar del Estado. https://www.educacionfpyde-portes.gob.es/mc/cee/portada.html

33. Consejos Escolares Autonómicos. https://www.educacion-fpydeportes.gob.es/mc/cee/organizacion/composicion/con-sejos-escolares-autonomicos.html

34. Muy ligada a conductas de intento de suicidio o intentos consumados reflejados en los medios de comunicación. El predictivo «acoso escolar + suicidio» despliegan una inmedible secuencia de noticias asociadas.

35. La teoría del caos explica cómo un sistema puede presentar cambios impredecibles y aleatorios debido a la sensibilidad a las condiciones iniciales.

36. Adolescente se suicida en Sevilla: https://duckduckgo.com/?q=adolescente+se+suicida+en+sevilla&kp=1&ia=web

37. «Son palabras como amor —con la que empieza el libro y dice que está relacionada con la capacidad que cada uno tiene de pedir ayuda—, abrazo, silencio, quietud, inspiración, cuidar, lágrimas, conexión, o escuchar, entre otras» (Luis Castellanos).

38. Aunque siempre con polémica, resulta interesante la referencia de Hannah Arendt a la «banalidad del mal» para describir la capacidad de individuos comunes, a través de la irreflexión y la obediencia ciega a un sistema, para producir daño a otros, sin pensar en las consecuencias éticas de sus actos. Esta mirada podría ajustarse a muchos comportamientos que observamos en los «jaleadores» y «aplaudidores» de las acciones ciertamente desalmadas e implacables de los victimarios hacia las víctimas. Sencillamente podrían seguir un *statu quo* en el que «la norma» estaría relacionada con «seguir» al líder. Sin más reflexión. Sin medir conse-

cuencias. Algunos individuos actúan dentro de las reglas del sistema al que pertenecen sin reflexionar sobre sus actos: «Recibo en mi dispositivo móvil una afrenta a un compañero y la difundo de forma automática», dando continuidad a un sistema casi burocrático y automatizado. «Terriblemente normal».

39. *ABC* (2022). «El acoso escolar cada vez se está dando más en edades tempranas». https://www.abc.es/familia/educacion/abci-acoso-escolar-cada-esta-dando-mas-edades-tempranas-202202020109_noticia.html

40. *El Diario Vasco* (2017). El acoso se inicia a edades más tempranas y afecta ya al 13 % de los niños vascos. https://www.elcorreo.com/bizkaia/sociedad/educacion/201701/16/acoso-inicia-edades-tempranas-20170115211656.html?ref=https %3A %2F %2Fwww.elcorreo.com %2Fbizkaia %2Fsociedad %2Feducacion %2F201701 %2F16 %2Faco so-inicia-edades-tempranas-20170115211656.html

41. Evolución del acoso escolar en Euskadi; curso 2022-2023. https://www.euskadi.eus/gobierno-vasco/-/noticia/2024/evolucion-del-acoso-escolar-euskadi-curso-2022-2023/

    El pasado curso 2022-2023 se identificaron en Euskadi 218 casos de acoso escolar, un 14 % de los 1.543 casos analizados por la inspección, el mayor número de casos de acoso se produce en 1º y 2º de la ESO, con el 47 % del total de los casos.

42. Pleno de la Sección de Convivencia Escolar del Observatorio de Castilla y León (2024). https://comunicacion.jcyl.es/web/jcyl/Comunicacion/es/Plantilla100Detalle/1284877983892/NotaPrensa/1285367926981/Comunicacion

43. Comunidad de Madrid (cursos 2022-2023 y 2023-2024). https://www.educa2.madrid.org/web/educamadrid/princi pal/files/fe6f6efa-0906-4ef0-9a3b-a3c0061d1fde/VII %20 POWER %20ACOSO %202022-2024-DEF.pdf?t= 1746874915546

44. *Diario de Sevilla* (2025). Educación hizo frente a 64 casos de acoso escolar durante el curso en Andalucía. https://www. diariodesevilla.es/andalucia/Educacion-frente-casos-esco lar-Andalucia_0_1898811142.html

45. *La Provincias* (2023). El acoso escolar deja ya casi 400 casos en la Comunidad Valenciana y se dispara entre los menores de catorce años. https://www.lasprovincias.es/co munitat/acoso-escolar-deja-400-casos-comunitat-dispara-20230918012859-nt.html?ref=https %3A % 2F %2Fwww.lasprovincias.es %2Fcomunitat %2Facoso-escolar-deja-400-casos-comunitat-dispara-2023091801 2859-nt.html

46. EPData. El acoso escolar en cifras (2018). Fuente Ministe rio de Educación. https://www.epdata.es/datos/acoso-esco lar-datos-cifras-estadisticas/257/espana/106

47. No existen datos centralizados y es complejo encontrar en cada Comunidad Autónoma las cifras del fenómeno con un histórico de incidencia.

48. Estrategia vasca contra la violencia hacia la infancia y la ado lescencia 2022-2025 https://www.euskadi.eus/contenidos/ informacion/violencia_infancia/es_def/adjuntos/estrategia vasca_violenciainfantil_baja_es.pdf

49. En nuestro caso, autopercepción de estar siendo objeto de esta suerte de maltrato.

50. Informe PISA 2022 (2023). Acoso escolar, pág. 139.

51. A modo de ejemplo, Andalucía reportó 500 casos confirmados, Cataluña, 634; Galicia, 686 y Madrid, 234; Extremadura, 10; en el curso 23-24.

52. Consultar en cualquier buscador web: *Noticias sobre las cifras del acoso escolar en España.*

53. Ministerio de Educación, Formación Profesional y Deportes. Informe del curso 2022-2023. Servicio de atención telefónica de casos de malos tratos y acoso en el ámbito de los centros docentes del sistema educativo español (Tfno. 900.018.018). Pág. 36. https://www.educacionfpydeportes. gob.es/mc/sgctie/convivencia-escolar/recursos-nuevo/pu blicaciones/informes-acoso.html

54. Memoria Fiscalía General del Estado, 2025. https://www.fiscal.es/memorias/memoria2025/FISCALIA_SITE/index.html.
   Consultar: Memoria 2025. Datos de especialidades compendiados a escala nacional (ejercicio 2024). https://www.fiscal.es/documentaci %C3 %B3n

55. Consultar también: https://www.fiscal.es/-/el-fiscal-general-presenta-publicamente-la-memoria-de-la-fiscalia-2025-que-ya-esta-disponible

56. Consultar: https://www.fundacionmutua.es/actualidad/no ticias/septimo-informe-sobre-acoso-escolar-segun-los-estu diantes/

57. El informe que se presenta a continuación se corresponde con los resultados del tercer estudio, orientado a evaluar los usos de las tecnologías digitales en la infancia y la adolescencia. Toma como punto de partida el estudio previo realizado por Unicef, USC y CCII en 2021 sobre Impacto de la Tecnología en la Adolescencia, reforzándolo con un enfoque más amplio encaminado a disponer de una visión holística del problema.

58. La cibervictimización se refiere a la experiencia de sufrir daños a través de medios digitales, como redes sociales, mensajería instantánea o plataformas en línea.

59. *La Vanguardia* (2018). https://www.lavanguardia.com/local/barcelona/20180510/443471778788/un-juez-condena-al-consorci-deducacio-por-no-actuar-ante-un-caso-de-bullying-a-un-nino-de-4-anos.html

    Un juez ha condenado al Consorci d'Educació de Barcelona a indemnizar con 3.800 euros, más los intereses legales, a la familia de un alumno de una escuela pública por la «pasividad» de la dirección del centro para atajar la situación de acoso escolar que sufrió el menor durante tres cursos, desde los 4 hasta los 6 años.

60. Ley Orgánica 5/2000, de 12 de enero, reguladora de la responsabilidad penal de los menores. https://www.boe.es/buscar/pdf/2000/BOE-A-2000-641-consolidado.pdf

61. Consultar en Referencias: INCIBE. Ciberacoso escolar.

62. Gossip: La Aplicación del Cotilleo: https://aplicacionesandroid.es/gossip-la-aplicacion-del-cotilleo/

63. World Complience Association (2024). El ciberacoso en la era de la IA. El ciberacoso en la era de la IA.

    https://www.worldcomplianceassociation.com/4406/noticia-el-ciberacoso-en-la-era-de-la-ia.html

64. Consultar también la entrevista a la experta en metadatos Rumman Chowdury: «Podríamos estar entrando en un mundo de posverdad». Los *deepfakes* o falsificaciones profundas constituyen una expresión preocupante: es posible crear un relato totalmente falso de alguien combinando varias fuentes mediáticas inventadas, lo que permite generar historias sintéticas muy creíbles a partir de fotos, artículos o

grabaciones de audio o vídeo falsificados, y difundirlas en línea. Las personas especializadas con este tipo de campañas de desinformación saben que hay gente que dedica años a crear cuentas falsas y narrativas ficticias, y la IA generativa permite automatizar gran parte de este acto fraudulento.

65. Consultar Gabilondo, P. (2023). *El Confidencial*. «El caso Almendralejo va más allá de los menores: ¿qué pasa con la IA que las desnudó?». https://www.elconfidencial.com/es pana/2023-09-24/caso-almendralejo-menores-inteligencia-artificial_3740932/

66. INFOCOP (2026). Menores y redes sociales: ¿prohibir hasta los 16 años?
    https://www.infocop.es/menores-y-redes-sociales-prohi-bir-hasta-los-16-anos/

67. Pudiendo darse comunicación en determinados supuestos y marcos reglamentarios al Ministerio Fiscal (Fiscalía General del Estado, 2005), autoridad interesada y encargada, en los ámbitos estatal y territorial, en impulsar la acción de la justicia en defensa de la legalidad, de los derechos de los ciudadanos y del interés público tutelado por la ley.

68. Consultar en Referencias: Los y las jóvenes LGBTIQ+ presentan mayor riesgo y tasas más altas de acoso escolar, según un informe de la Unesco (2024). LGBTIQ+ Youth: Bullying and Violence At School.

69. Consultar: Magisterio (2019). Acoso escolar a niños con altas capacidades: cómo actuar. https://www.magis net.com/2019/01/acoso-escolar-a-ninos-con-altas-capaci dades/

70. Este contenido se aborda de manera singular en el siguiente capítulo. Consultar, asimismo, «El acoso escolar y la convi-

vencia en los centros educativos. Guía para el profesorado y las familias». (Ibidem. Cap. VII. págs. 161-178).

71. Consultar en Referencias: Subdirección General de Cooperación Territorial e Innovación Educativa. https://www.educacionfpydeportes.gob.es/mc/sgctie/convivencia-escolar/en-accion/practicas-restaurativas.html

72. Alonso-Rodríguez, I. *et al.* (2025). Restorative practices in reducing school violence: a systematic review of positive impacts on emotional wellbeing. https://doi.org/10.3389/feduc.2025.1520137

73. Ministerio de Educación y FP. Mediación escolar. https://www.educacionfpydeportes.gob.es/mc/sgctie/convivencia-escolar/en-accion/mediacion-escolar.html

74. *OK Diario* (2016). Legálitas crea una aplicación para evitar el acoso infantil llevando a tu abogado en el móvil. https://okdiario.com/economia/como-evitar-bullying-llevando-tu-abogado-movil-433798.

75. Asociaciones contra el acoso escolar. https://duckduckgo.com/?q=asociaciones+contra+el+acoso+escolar&ia=web

76. *20 minutos* (2013). https://www.20minutos.es/noticia/1741682/0/colegios/juzgados/acoso-escolar/

77. Consultar en predictivo web: Noticias de prensa sobre casos de acoso escolar en proceso judicial y resueltos por Órganos judiciales.

78. Iberley. Jurisprudencia sobre acoso escolar. https://www.iberley.es/jurisprudencia/acoso-escolar.

79. ¿*Compliance* contra el acoso escolar? Juristas proponen en el ICAM su aplicación en los colegios como herramienta preventiva (2025). https://www.otrosi.net/compliance-acoso-escolar-icam/

Consultar también: El ICAM reclama que se implanten programas de cumplimiento normativo en los centros educativos para prevenir el acoso escolar y establecer mecanismos eficaces de denuncia y control. https://secciones.icam.es/expertos-analizan-en-el-icam-la-nueva-responsabilidad-penal-de-los-centros-educativos-en-casos-de-bullying-y-proponen-el-compliance-como-herramienta-clave-contra-el-acoso/

80. *La Razón* (2025). Carlos Gómez-Jara pide condenas a los centros por el acoso escolar: «Tienen la obligación legal de proteger a los niños en el recinto». https://www.larazon.es/espana/carlos-gomezjara-pide-condenas-centros-acoso-escolar-tienen-obligacion-legal-proteger-ninos-recinto_2025 05186819e2135d71dc778a9b0e0a.html

81. INTEF: Promoción de la Convivencia Positiva en el Centro. https://formacion.intef.es/aulaenabierto/mod/book/view.php?id=4293&chapterid=5509#:~:text=*%20Imprimir%20el%20Libro%20Completo.%20*%20Imprimir%20este%20Cap%C3%ADtulo.

82. https://www.youtube.com/watch?v=g19n5WA2cfw

83. Consultar en Recursos de interés: Otros recursos de especial relevancia. Plataforma Orange: *Por un uso Love de la tecnología. Niños ciberacosadores. Lo que no sabes de tus hijos.*

84. No hemos terminado de «superarlos» completamente.

85. Consultar: https://revistaseug.ugr.es/index.php/RELIEVE/article/view/24075/24743

86. Consultar en Referencias: Planes Universitarios Grado de Formación del Profesorado: Algunos ejemplos.

87. Consultar en Referencias: Planes Universitarios de Máster de Formación del Profesorado. Algunos ejemplos. Algunos ejemplos.

88. Consultar en Recursos de interés. Normativa y programas sobre Convivencia en los centros educativos: Comunidad de Madrid (2016). Recursos para la elaboración de programas contra el acoso escolar en los centros educativos.

89. Fundación Mutua Madrileña y Fundación ANAR. (2022). IV Informe de Prevención del Acoso Escolar en Centros Educativos. https://www.anar.org/wp-content/uploads/2022/09/IV-Informe-acoso-escolar-en-centros-educativos_Embargado.pdf

90. La percepción del profesorado en formación ante el *bullying* y el *ciberbullying*. Cuadernos de Res Publica en derecho y criminología. https://dialnet.unirioja.es/servlet/articulo?codigo=9957503

91. Consultar: Unicef. Los centros educativos como garantes del bienestar y la protección. https://www.unicef.es/sites/unicef.es/files/communication/Policy %20brief %20CBP %201.pdf

92. Javier Urra. *Inmadurez colectiva* (2024). p. 77

93. Muy cambiante, por cierto. Probablemente nunca hayamos presenciado épocas en la vida de la sociedad de nuestro entorno desarrollado próximo que «duren» tan poco tiempo. Una generación tal vez. Los siglos acaban durando 10-15 años (Marino Pérez).

94. Los conflictos siempre se han interpretado como una oportunidad para el aprendizaje, incluidas, por supuesto, las relaciones interpersonales. El concepto de conflicto cognitivo se encuentra en la base del choque entre lo conocido y lo nuevo, como motivación a la búsqueda de una solución y, por ende, de una nueva construcción de engramas de pensamiento y conducta.

95. Locura compartida: *Bullying*. En un mundo mejor. https://open.spotify.com/episode/19R5b9BeSa7RgTQKhDKQx3?si=771c22f7ed0a4060&nd=1&dlsi=b9136c463feb479b

96. Proyecto TEI: https://www.programatei.com/

97. Proyecto Alumnos Ayudantes TIC: https://duckduckgo.com/?q=alumnos+ayudante+tic&kp=1&ia=web

98. Consultar: https://www.youtube.com/watch?v=QWSmgVb8iyo

99. Arango, C. (2025). ¿Cómo mejorar la salud mental de los niños y adolescentes a través de intervenciones en el sistema educativo? · 29 de abril de 2025 (a partir del minuto 15:12). https://www.ranm.tv/index.php/mobile/video/1807/como-mejorar-la-salud-mental-de-los-ninios-y-adolescentes-a-traves-de-intervenciones-en-el-sistema-educativo-29-de-abril-de-2025/

100. Soledades. Estudio sobre Juventud y Soledad no deseada en España https://www.soledades.es/estudios/estudio-sobre-juventud-y-soledad-no-deseada-en-espana

101. Guías del IES Miguel Catalán. nº 1. Guía para facilitar círculos de diálogo (2022) https://site.educa.madrid.org/ies.miguelcatalan.coslada/wp-content/uploads/ies.miguelcatalan.coslada/2022/11/Guia-facilitacio %CC %81n-circulos-.pdf

102. Consultar en Referencias: Junta de Castilla y León. Las prácticas restaurativas como modelo de actuación.

103. Byung-Chul Han (2024), *El espíritu de la esperanza*. págs. 21-22. Herder.

104. Todo asusta. YoyTube: https://www.youtube.com/shorts/nSTEE4PjI34

Su opinión es importante.
En futuras ediciones estaremos encantados
de recoger sus comentarios sobre este libro.

Por favor, háganoslos llegar a través de nuestra web:

www.plataformaeditorial.com

Para adquirir nuestros títulos,
consulte con su librero habitual.

«I cannot live without books».
«No puedo vivir sin libros».
THOMAS JEFFERSON

Desde 2013, Plataforma Editorial planta un árbol
por cada título publicado.